高等职业教育航空运输类专业系列教材

民航应用文写作

（第二版）

刘　进　主编

科　学　出　版　社

北　京

内 容 简 介

本书完全按照民航工作实际需要编写，重在“实用”和“适用”。本书主要包含民航公文写作和民航新闻报道写作两大部分，详细介绍了民航企业通用的公文写作和新闻报道的基础知识和规律性内容，有助于学生建立起对民航企业整体运行模式和公文往来的初步印象。此外，本书还对应用文和新闻写作中容易混淆的不同文体进行了比较和区分，避免在写作时混淆概念和写法，导致各种错误。

本书可作为高等职业院校航空运输类专业的教材，也可作为民航企业的员工培训用书，还可供与民航业相关的其他行业人士以及关注民航业发展的社会公众参考。

图书在版编目（CIP）数据

民航应用文写作 / 刘进主编. —2 版 . —北京：科学出版社，2019.11
（高等职业教育航空运输类专业系列教材）
ISBN 978-7-03-063386-6

Ⅰ. ①民… Ⅱ. ①刘… Ⅲ. ①民用航空－应用文－写作－高等学校－教材 Ⅳ. ① H152.3

中国版本图书馆 CIP 数据核字（2019）第033552号

责任编辑：高立凤 / 责任校对：王颖
责任印制：吕春珉 / 封面设计：艺和天下

科学出版社 出版
北京东黄城根北街16号
邮政编码：100717
http://www.sciencep.com

三河市骏杰印刷有限公司印刷
科学出版社发行　各地新华书店经销
*
2016年2月第 一 版　开本：787×1092 1/16
2019年11月第 二 版　印张：12 1/2
2022年1月第五次印刷　字数：269 000

定价：39.00元

（如有印装质量问题，我社负责调换〈骏杰〉）
销售部电话 010-62136230　编辑部电话 010-62135763-2052（VZ02）

高等职业教育航空运输类专业系列教材
编写指导委员会

序

PREFACE

伴随着中国经济社会的发展和人力资源需求的变化，职教界积极应对经济发展的形势，促成了中国职教改革背景的产生。在教高〔2006〕16号文件指引下，高职教育率先迈出了改革步伐，人才培养质量工程得以实施，基于工作过程的职教改革思想得以贯彻。随着一百所高职示范院校的建设成功，大量的教改成果和教改思想涌现出来，极大地推动了全国高职教育的发展步伐。

高职教育的培养目标，是培养合格的高技能人才，即千百万从事生产、建设、管理、服务第一线工作的高素质技能型人才。原有的职业教育体制没有区分出科学研究型教育、工程设计型教育和职业技能型教育的特点，均以学科化讲授式的教育方式育人，导致学生的个性发展与未来岗位对其的要求难以吻合，职业教育培养出的人才需要在企业重新接受现场培训后才能上岗，且职业能力和职业素养发展参差不齐。为此，我国高职教育在借鉴世界职教先进国家的教育经验特别是近年对德国职教理念进行了较为深入的研究后，走上了一条具有中国特色的改革之路。改革的主导思想是：以岗位工作的各项要素为基础，以典型工作任务为整合能力目标和知识点组织教学内容，注重学生的知识运用和解决问题、自我发展能力的培养；以任务驱动、项目导向的教学方式，替代原有的以课堂知识讲授引领的教学形式；强调学生职业岗位工作任务的胜任度。

航空运输类专业教材系列即是在这一背景下产生的。高职专业是对社会职业的概括和提炼，航空运输专业服务于民航业高素质服务人才培养的需要。本套教材系列紧密围绕职业教育培养目标，遵循职业教育教学规律，其选题以满足行业发展对高素质技能型人才的需求为出发点，做到“实用、适用”；内容选取对接企业实际工作任务中知识、能力、素质要求，涵盖了民用航空运输业主要工作岗位的人才培养需求；课程内容与行业从业标准相对接，在结构、内容及方法等方面进行了改革及创新。

本套教材系列既注重学生专业技能的培养，更注重职业素养的养成，同时关注行业先进技术在社会各领域中的应用；包括《民航基础》《民用航空法基础》《民航服务心理与实务》《民航服务与人际沟通》《民航英语基础教程》《民航客运英语教程》《民航乘务英语教程》《民航国内客票销售》《民航货物运输》《民航旅客运输》《服务礼仪》《空乘职业技能与训练》《机场服务》《航线地理》《形体塑造与展示》《职业形象塑造》《空乘口语与播音》

《饮食营养与卫生》《航空服务营销》《航空港概论》《航空服务面试技巧》《民航商务运输基础》《民航运输生产组织》《客舱安全与应急处置》《航空保健与急救》《民用航空法案例教程》。

本套教材系列体现工作过程导向，并符合高技能、应用型人才培养的目标和相关专业领域的职业岗位（群）的任职要求；内容设置科学实用，突出了针对性、适用性和创新性，为学生的可持续发展奠定良好的基础；在此基础上，把学生职业能力的培养和素质养成放在重要位置来考虑，满足职业性、实践性和开放性的教学要求。

本套教材系列设计独树一帜，目标定位准确；每本教材的内容以真实岗位工作任务为基础设计教学单元；每个单元中均设计了综合性的实训任务，以知识、能力、素质目标为主，配合知识要点、实训任务，穿插知识拓展、课堂练习，各章有小结。有关部分配备了可供教师扩展发挥的教学提示，以利不同专业教师选用、参考。

科学出版社先后两次召开有民航业资深专家、参编学校骨干教师、企业代表参加的审纲会，对本套教材的选题、选题内容、各选题的衔接及编写体例进行了充分论证。本套教材的编者，既有在职教战线工作多年、直接参与了高职教育改革且具有丰富经验的资深教师，也有具备企业专业技术工作背景、又有丰富教学经验的双师素质教师。来自行业企业的领导和专家对本套教材进行指导。因此，本套教材融合了教育界的改革成果和企业界的专业技术，紧密结合行业标准和工作实际，与国家职业资格考试制度接轨，充分反映了目前高职教育改革的阶段成果，是编者们经验和高职示范院校教学改革成果的结晶。

本套教材系列的体系体现了目前高职航空运输类课程教改思想和理念，与旅游服务、民航运输的工作内容相连接，既代表了高端服务领域——航空服务的技术规范，又为相关各拓展领域专业的教学提供参考。

本套教材能够较好地满足高职航空运输类专业课程的教学需要，也可作为中职航空运输类课程教学和企业专项技能培训的参考资料。

高等职业教育航空运输类专业教材编写指导委员会

2017 年 2 月

第二版前言

FOREWORD

《民航应用文写作》自2016年出版以来，在大专院校的发行和使用过程中受到大家的关注和支持。本书的编写着眼于被专业限制同时又是企事业单位工作中所急需的范文，将两个完全不同的学科知识整合在一起，将内容分为应用文写作与新闻写作两大部分，使学生在学校既能学到应用文写作知识，又掌握新闻写作技能，急社会所需，又帮助学生适应用人单位需求，这本书尽可能地做到了这一点。

借再版的机会，编者在原书中增加了更多案例分析，帮助学生增强了解和掌握相关案例的辨析能力和写作练习。比如，在作业练习中添加“总结”的内容，就是基于此类应用文写作在企事业单位最为频繁和常见，学生尤其需要熟练掌握。还在应用文写作基础章节增加生活中常用的应用文写作案例分析，如“借条”和“寻物启事”等。除此之外，对书中结构和行文不规范的地方都做了相应修改，但由于编者水平有限，难免会有不妥和疏漏之处，请专家和读者不吝赐教。

在此，再次感谢大家的支持和鼓励。

编　者

2019年11月

第一版前言

FOREWORD

应用文是人们在日常工作、学习和生活中，办理公务、处理私事时使用的一种实用性文体，应用文的基本特征是通俗易懂，简明扼要，实用性强，因此，也被人们称作实用文。

民航应用文是民航系统各机关、企事业单位在公务活动、生产活动中所形成和使用的文字材料，是中国民用航空局政策、法规、政令和信息、情况的主要载体，是航空系统各单位实施管理的基本手段和重要工具，发挥着上令下达、下情上报和信息沟通的重要作用。我们要向上级报告情况、请求指示等需要写成文件；我们要向下级部门安排工作任务、提出工作要求等需要写成相应的文件印发下去，便于基层遵照执行，备查、备用；我们要面向企业内部各部门、面向行业、面向社会发布某些信息等，也要印制成相应的文件。因此，应用文写作与每一个部门，甚至每一位职工息息相关。

民航应用文在写作上，要根据民航系统内各机构的性质确立其行文方向。例如，机场、航空公司、航材公司、航油公司属于企业，具备经营销售性质，有对外宣传产品和市场推广的新闻传播要求；而中国民用航空局、空中交通管理局主要是向业内提供职能管理航行保障；中国民用航空局作为职能管理单位，在民航领域内行使政府职能，因此，其应用文大多按照国务院下发的公文相关规定处理，更加规范和严谨。无论是企业性质的航空公司、机场、航材公司、航油公司等，还是政府性质的管理局，除在单位内部运转中上传下达需要使用应用文外，在对外宣传企业文化、行业形象、企业形象，推销产品、推广营销模式，报道企业和单位的事态动向等方面，也离不开新闻报道。因此，编者认为，在重视和大力提倡、培养民航应用文写作人才时，不能忽视对新闻写作人才的培养，但因学科的分类，应用文写作与新闻写作分别属于不同的学科。尤其是新闻学，专业性强，不属于公共学科类，除非传媒专业，一般专业都不会将此门课程纳入公共必修课。很多大学生无法接受到新闻专业的系统学习，但在现实社会中，一方面是各行各业对具有新闻写作人才的迫切需求，另一方面是各大专院校不能培养既有行业知识又有专业技能，还兼具新闻写作技能的大学生以满足行业之需，因此，一些具备较好文字功底的年轻人，受到单位重视，被调入机关部门，获得更大的平台，得到更多的锻炼和培养机会，有的甚至由此改变人生和命运轨迹。由此可见，新闻写作对于单位和个人都非常重要。因此，重视应用文与新闻写作、持续加强写作训练，不仅有利于企事业单位的建设，对于大学生来说，同样具有积极意义。

在编写本书的过程中，我们得到来自民航系统单位同仁的鼎力相助，他们为本书的编写提供了大量宝贵的建议和意见，在此谨致谢忱，并特别感谢冉玲、杨曼、苏雯娟、晏春波、陈丽的支持和帮助。

在编写本书的过程中，参考、借鉴和引用了一些文献和资料，但因篇幅所限不能一一列出，在此向这些文献和资料的作者表示由衷的谢意。

由于编者水平有限，书中疏漏之处在所难免，恳请广大读者批评指正。

编　者

2015 年 12 月

目　录

CONTENTS

第一章　应用文写作基础

第一节　应用文写作概述

一、应用文写作的特点

1. 内容真实

真实是应用文的生命。应用文一般具有固定的格式和特殊的公文语言，是为反映客观实际、解决实际问题而进行的写作。因此，应用文中的情节、细节、数据等材料都必须真实，不能有丝毫虚构，否则无法达到反映实际、解决问题的目的。应用文的写法和文学作品创作的文学描写手法有本质区别。

2. 对象明确

应用文有特定的阅读对象，不同于其他面向社会传播的各种文章体裁的写作。

3. 使用广泛

应用文在社会生活的各领域被广泛使用，涉及各行各业，大到国家机关、企事业单位，小到个人，我们的工作、生活都离不开应用文的使用。

4. 实用有效

应用文是根据社会生活的需要，为解决工作和生活中的某一实际问题，达到某一目的而产生的，因此具有实用价值。同时，为达到有效解决问题的目的，应用文往往都有一定的时限，在规定的时间解决特定问题，取得实际成效，是公文时效性的基本要求。否则，就会丧失其实用价值。

5. 格式规范

根据行文目的和内容的不同，应用文有比较稳定的行文格式。有的非常规范，如公文，有国家统一规定的写作格式；有的文书则相对简单，但同样要遵照写作要求，如遵照在社会实践中长期形成的、被大众广泛认可的约定俗成的格式。

6．语言平实

应用文语言讲究通俗易懂、准确平实、庄重大方、简洁得体，要严格区别于其他文章，特别是文学创作的各种语言技巧。

二、应用文的作用

1．沟通作用

应用文在社会各界广泛使用，它起到传递信息、加强人际沟通、加快信息共享、营造良好社会活动氛围的作用。

2．指导作用

应用文中包含大量的由上而下的文件，这类文件是上级机构对下级部门传达颁发的指导性文件，因此具有极高的权威性和指导性。

3．凭证作用

应用文中蕴含着大量的资料信息，对应用文的妥善保存归档，既可以留存和保护历史资料，也可以为各行业工作的开展、事业的发展提供有用的资料凭证。

三、应用文文种的确定

应用文写作前，首先要清楚写作的目的和主要内容，确定应该采用的文种。例如，公文写作前，首先要清楚文件的主要内容、文件制发的目的和背景情况。根据写作的背景、受文对象、目的，以及文件起草的材料等内容确定应该采用的文种。

应用文文种确定的原则如下：

1）机关、企事业单位对重要事项或者重大行动作出安排，对有关单位及人员进行的重大奖惩、人事变更宜选用决定文种。例如，党中央决定在全党（特别是党员领导干部中）开展讲政治、讲正气、讲团结的“三讲”活动，是党组织建设的重大事件，因此采用决定文种。又如，企业的年度职工代表换届选举、重大奖惩等也是重大事件，由此出台了《关于发布×××公司××××年度职工代表换届选举工作的决定》，以及奖惩内容的文件《×××公司关于给予×××开除公职的决定》。

2）政府部门需要向公众宣布重要事项或决定，宜选用通告。例如，城市改造建设时对马路改建或新修，需要对原有道路短期进行改道或封闭，给人们出行造成不便，就必须要在施工前由公安交警或相关部门向社会发布通告，告知社会各界，提醒大家提前规划出行线路和方案，以免给生活和工作造成不必要的影响。交警部门延长对某些不合规车辆的限制行驶以及交通法规的发布，则宜选用公告。例如，对非法营运的老年车的禁令、继续执行从城外入城的时间限制等。

3）向上级机关汇报工作、反映情况，宜选用报告类文种。例如，工作报告、情况汇报等。

4）将上级机关的文件批转给下级执行，要求下级机关执行工作要求和批转来自上级机关的文件，宜通知。

5）一般性质的表彰或警告、处罚，宜选用通报。

6）向上级机关请求帮助、批示，解决困难和问题，宜选用请示。

7）无隶属关系的单位或企业之间需要商洽工作、询问或答复问题，宜选用函。

8）答复请求事项，宜选用批复。

9）制发通过会议决定的工作事项、记录会议精神，宜选用会议纪要类文种。

以上所列是一般选用原则，在写作公文时，应根据文件内容等具体情况，确定采用哪类文种。

范文 1.1（病文）

寻 物 启 事

各位同事，今天本人在公司办事时，因为赶时间，不小心丢失一笔记本电脑，非常着急，有发现线索和捡到的，请与本人联系，不胜感激。

张长富

范文解析：这篇《寻物启事》作为生活中最常见的应用文之一，属于病文，有多处问题：

1）没有提供电脑丢失的具体时间和地点。

2）没有说明丢失的电脑品牌、型号等具体的特征。

3）没有给出失主的详细联系方式，如电话号码或地址。

4）细心的失主甚至会给出相应的报酬，在此仅作为参考。

5）行文也不规范。

范文 1.2（修改文）

寻 物 启 事

本人不慎于今天下午 3 点 15 分，在公司三楼会议室遗失一部笔记本电脑，黑色，型号为 IdeaPad S130，因工作急需，非常着急，希望有知其下落者，与公司 1804 室飞行技术部联系，联系电话 12345678901，本人将不胜感激，定当酬谢！

失主：张长富

二〇一九年十月二十日

思考训练

1. 基础训练。

1）应用文最根本的特点是（　　）。

A. 文学性　　B. 政治性　　C. 实用性　　D. 审美性

2）应用文是处理公私事务、指导实践、传递信息的（　　）。

A. 工具　　B. 资料　　C. 措施　　D. 条件

3）应用文具有（　　）、（　　）、（　　）、（　　）、（　　）、（　　）六个特点。

4）应用文的主要作用有（　　）、（　　）、（　　）。

5）判断正误，并简要说明正确答案。

① 应用文具有相对稳定的格式。（　　）

② 应用文常用的表达方式是抒情和描写，叙述和说明较少使用。（　　）

③ 写作应用文不需要确定文种。（　　）

6）举例说明你最常用的应用文。

2. 如何理解应用文写作的重要性与必要性？

3. 应用文写作与文学写作有何区别？

4. 怎样理解应用文语言的庄重大方？

5. 阅读范文，按照要求回答。

倡议书

全体共产党员、共青团员们：

春回大地，万象更新，正值一年春季造林的好时机。集团公司绿化家园领导小组倡议全体共产党员、共青团员，积极投身到2015年公司组织的植树造林活动中，起好模范带头作用，全面掀起植树造林、美化家园的新高潮。

社会文明发展植根于森林，绿化活动更孕育着文明。人类要生存、要发展，必须从我做起，保护我们赖以生存的地球，爱护环境，建设生态家园，这是社会的共识，更是我们义不容辞的责任。当前，正当全国同心，努力建设繁荣、强大祖国，构建和谐社会的蓬勃发展时期，全党范围内开展党员“三严三实”的教育活动热火朝天，我们向全体党团员发出倡议：

一、响应集团公司植树造林的号召，加强推进环境绿化的责任感、使命感，以身作则，积极投身到植树造林、绿化活动中，自觉履行公民的植树义务，为绿化环境贡献力量。

二、结合党课和团支部专题教育活动，率先垂范，身体力行，积极打造“共产党员和共青团员植树林区”。

三、关心爱护绿色生命，自觉维护绿化成果，争做绿色文明使者，持续、广泛开展“植树、护树、爱树”活动，让水在我们的手中更清，天空在我们的手中更蓝，大地在我们的手中更绿，让我们生活的城市、家园在我们的手中变得越来越美丽。

××集团公司植树造林活动小组

二〇一五年三月五日

要求：

1）简述这篇倡议书的主题，归纳全篇的行文特点。

2）简单归纳这篇倡议书的写作特点，模仿范文拟写一篇倡议书。

6. 试分析与修改下列病文。

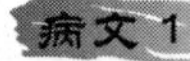

荣 誉 证 书

×××同志：

您在股份公司举办的“标杆班组岗位技能大竞赛”中获得2015年度公司班组竞赛个人赛第一名。

×××股份公司工会

二〇一五年三月

求 职 信

我于2014年9月毕业于四川科技大学新闻学院，23岁，大专学历，是校写作协会会员，学院新闻写作小组组长，获得过学院和系的写作一等奖和二等奖，在学校级别的各类写作比赛中都取得过优良成绩。为此，本人特请求应聘贵公司售票处售票员。

谢谢

求职人　张明珠

2014年11月

病文 3

请　　柬

林月薇女士：

为感谢广大社会质量监督员长期以来对我部服务质量工作的大力支持，我部将于2016年元月28日在公司大楼举行“年度服务质量总结讲评会”，恭请您届时光临。

×××公司市场推广部

2016年1月3日

借　　条

本人因工作原因急需办公电脑，但苦于原用电脑故障，加上电脑城放假关门，无法进行工作，现向陈卫借用笔记本电脑，在×月×日前归还。

特写此条说明。

借用人　翟飞飞

2015年6月3日

7. 阅读以下三段文字，体会用以处理同一事务的三种不同文体的区别，比较三段文字的不同语体，试着说明与不同对象的语境关系。

1）兹介绍我中心运质部×××、×××两位同志前往你处，联系近日新开航线的运输代理业务等相关事宜，请予接洽，谢谢。

2）你好，今托我部门×××、×××两位同事代为问候致安，并请他们与你洽谈新航线开通后的业务事宜，烦请老朋友给予大力协助为盼。

3）从×××航分公司运质部来了两位同志，他们是来联系洽谈新航线开通相关业务工作的，他们希望能尽快安排见您，您看行吗？

第二节　应用文的主题

一、应用文主题的定义

应用文的主题，又称为主旨，是指作者在说明问题、反映情况、提出意见时通过文章的全部内容所要表达的意图、观点或态度。主题是文章的灵魂，决定着文章的中心思想。应用文主题往往是“意在笔先”，即作者要根据文章撰写的目的，在动笔前就确定好文章的主题，因为材料的选择、结构的安排、语言的运用都有赖于主旨的确立，如《关于进一步加强危险品航空运输管理的通知》就是针对“危险品航空运输管理”这一主题成文的。

二、应用文主题的要求

应用文主题的要求主要有以下三点:

1）明确。即作者要用明确的语言来表达文章的观点、目的和意图，要让人能够一目了然地了解作者的观点和立场。如果主题含糊不清，甚至不知所云，应用文就失去了其存在的基础，实用价值也就无从谈起。这一点与文学作品讲求“曲径通幽”的表达方式是截然不同的，必须要明确两者的差别。

2）集中。一篇文章只能表达一个主题，要做到一事一文。这就要求把文章的基本观点集中起来，经过高度的概括和提炼，把中心思想写深写透，突出表现出来。内容比较复杂、篇幅较长的综合型应用文中，具体观点可能不止一个，在写作时要注意考虑不同观点在文中的内在逻辑关系，把不同的观点统一起来，最终目的是共同表达一个中心思想，切忌面面俱到，不同观点纷呈，缺乏重点和中心。

3）深刻。即撰写重要文件一类的应用文时要围绕主题，重在揭示事物（事件等）的内因、本质和规律。这类应用文不能只写表面现象，不能受具体材料的局限，在写作时，要透过事物的表面现象，挖掘出本质、核心的东西，并经过高度的提炼和集中，揭示事物内在的规律，突出鲜明的主题。例如，年终总结对每一个职工而言，都是个人要呈交上级的重要文件，不能写成流水账，要突出写作的主题，不能简单罗列堆砌，要通过对所做工作进行归纳和剖析，得出经验教训，从而指导将来的工作。

三、应用文主题的表现方式

应用文的主题表现分为直接表现和间接表现两种方式。直接表现是用鲜明的语言直接揭示主题，观点明确。这种表现手法能够使文章主题突出，便于读者掌握和理解文章的中心意思。间接表现则是将主题思想贯穿在对人物、事件、情节等的描述过程中，需要读者通过阅读文章自己去体会、领悟。在日常工作中，应用文主题的表现方式大多采用的是直接表现法，具体写作形式主要有以下几种。

1. 标题显意

标题显意就是用标题点出文章的主题，标题就是主题，或者用标题暗示出文章主题。例如，《关于调整我公司直达航班异地工作人员探亲费用报销办法的通知》一文，文件的标题就是主题，让人一看就明白文件的内容，主题明白、显露，一目了然。又如，《转发商委紧急安全电话会议内容》一文，文章主题已经含在标题之中，使人看后能够了解公文所要传达的大概内容和范围。

2．开门见山

开门见山即在文章的开头或者第一个段落，用简短的语言引导主题或陈述主题，把主题凸显出来，这类写法的特点是常常以介词“为了”作为开头，引出主题，通常用在通知、通报、通告、报告、调查报告、规章等文书中。例如，《××× 航空公司市场部关于上报一季度员工思想动态情况的通知》一文的开头如下：“为了全面客观地了解一季度员工思想状况，把握员工思想动态和思想倾向，有针对性地做好思想政治工作，现就一季度员工思想动态情况上报要求，通知如下。”此种写法开门见山，点明主题。

3．文中点意

文中点意即在行文过程中通过叙述引出文章的论点或中心思想，并运用简洁的语言点明主题，使之鲜明、突出。这种方法常用于篇幅较长、涵盖方面较多的文章，如工作报告等。

4．结尾点题

结尾点题即在文章的结尾部分运用归纳等手法，总结和概括出文章的中心思想，并运用鲜明的语言突出主题，这种写法常常能起到水落石出或意味深长的效果，让人记忆深刻。通讯报道、演讲稿等的写作经常使用这种手法。例如，某机场公司职工演讲稿《把梦想带给花季》的结尾如下：“让我们行动起来，把爱心带给那些失学儿童，带给那些孤寡老人……带给身边每一个人。当你把爱心献给他人时，你也获得了莫大的幸福。要相信，只要人人献出一份爱，世界将变成美好的人间！”又如，李政道的论文《论基础科学、应用科学、产品科学三者关系》的结尾写道：“我再重复一下，没有基础学科就没有应用学科，没有应用学科就没有生产学科，三者是紧密结合在一起的。”这一结尾非常清晰、鲜明地强调了主题。

范文 1.3

借　条

今因急需资金，特向 ×× 借到现金人民币______元整（小写：¥______元整）。借款期限自___年__月__日至__年__月__日止。如逾期未还本金，本人将承担归还该笔借款的本息。

借款人:______（签名）身份证号码:________________电话:____________

出借人:______（签名）身份证号码:________________电话:____________

借款日期:______年____月____日

范文解析：在这里，要注意“今借到”与“今借”之间的区别。“今借”是表达愿望，不确定借款是否到手，“今借到”是确定借款已经拿到。而《借条》是拿到借款后的借据，如错写为“今借”，借款人可以“并未借到钱”为由，拒绝还款。一字之差，结果便是天壤之别，因此，出借人在出借前要认真审查借款人《借条》的行文，谨防出现法律漏洞是非常必要的。

思考训练

1. 基础训练。

1）应用文主题的主要作用有（　　）、（　　）、（　　）。

2）应用文主题的表现方式有（　　）、（　　）、（　　）、（　　）。

3）综合型应用文中出现多个主题时，应如何处理子主题之间的关系，以及子主题与中心主题之间的关系？为什么？

2. 阅读下面两篇文章，按要求完成作业。

病文 1

通　　知

兹有维修公司特设部王××家乡遭受洪灾，父母居住房屋几乎全部倒塌，家中日常生活用品都被损坏，养的猪、羊、鸡等牲畜也尽数冲走，损失很大。小王父母年迈，自己新婚，家里还有年幼的弟妹，生活条件非常困难，遇到此次灾难更是雪上加霜。经中心工会实地勘察，向党委会汇报后，中心党委现做出决定，组织送爱心活动，要求本中心职工奉献爱心，积极捐款，数额不限，由各部门工会负责统一收齐上报，截止时间为本月底。

维修公司党委

二〇一四年八月十三日

要求：指出这篇通知的问题所在，并进行改写。

病文 2

×××航空分公司申请拨款新建办公大楼的请示报告

规划部、财务部：

我公司从创建至今已有10个年头，但办公地点一直租用××市××西路××号原水电厅的办公楼二、三层。因与水电厅同在一个办公区域，我部售票处还与该厅共用一楼大厅，双方在此区域的业务部门都属对外窗口，且业务繁忙，人流量大，环境混杂，对双方的正常工作秩序都有很大影响。为此我部经上级批准，在市内多地进行考察选址，现拟定2个备选地点作为修建办公楼地址，建筑面积约1300平方米，按照当地物价每平方米1000元计算，需资金130万元。前期规划、方案制订，以及设计费用另需要20万元，共需150万元。同时，我部有部分当地外聘职工，因工作性质需要倒班，因此需要扩大职工住宿面积，向水电厅增加租用3间宿舍，每间年租金1.2万元，三间共计3.6万元。三项相加共计153.6万元。请予拨款。

注：职工住宿刻不容缓，望规划部、财务部能从速批准。

特此报告

×××航空分公司

二〇一五年九月二十日

要求：阅读上文，找出这篇请示的问题，并进行改写。

3．仔细阅读以下病文，并按要求回答问题。

1）春运即将到来，代理人违规订座行为呈上升趋势，且手段多样，方法翻新。近期，发现代理人利用儿童客票（退票不收手续费）及重复使用旅客名称大量虚占航班座位，严重扰乱了航班管理秩序。

为保障春运期间的航班收益水平，维护市场销售秩序，经研究决定，销售部和网络收益部联合加大对虚占航班行为的管理力度，尤其是对儿童订座和同一证件对应多名旅客订座实施重点监控。现将有关儿童客票订座规定和虚占座位监控处罚流程通知如下。

2）根据民航局航发明电〔2014〕862号《关于进一步加强危险品航空运输管理的通知》、航发明电〔2014〕774号《关于下发本地区瞒报危险品航空运输专项整治工作方案的通知》及股份运标明电〔2014〕34号《关于开展瞒报危险品专项整治工作的通知》的要求，培训部根据局方文件要求的内容，已制作完成《瞒报危险品专项整治》学习资料（见附件），现下发各业务单位学习掌握。

请各单位按运标通知要求，结合各岗位危险品培训知识重点，采取抽查的形式对一线员工进行现场考试，抽查人数应不少于上岗总人数的十分之一，并保存好相关的培训记录和试卷以备局方检查。烦请销售部、地服部将培训组织情况及考试学员人数汇总报培训部，培训部届时将派员对上述两单位的培训实施提供相关支持。

3）公司针对马航飞机失联成立了两个工作组：一是运行工作组，由公司运行办和商务办组成；二是联络工作组，由公司党群工作部和商务办组成，负责信息发布和联

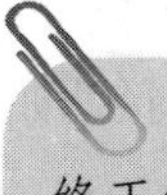

络工作，要求不能以任何单位和个人名义对外发布信息。

要加强组织，坚守岗位。

针对换季工作，要做好运行保障。

强调组织纪律的严明性和无情性。

要高度重视和防范空防安全，旅客和货物安全，机组必须严格履行程序和手续。

严禁“捎、买、带”。

对全员开展一次思想和安全工作排查，要关注重点人员和重点岗位，做一次深刻安全教育，确保内部不出问题，杜绝不稳定事件。

加强人员的资质管理，规章落实要到位。

要做好干部员工的情绪引导。

要树立信心，要有绝对的安全保障。

防止思想松懈和等待观望。

要保持工作的连续性。

安全工作是全员共同营造的，安全是全方位的。

紧急会议上提出的几点要求：

①加大对各部门的传达力度，要认真领会精神实质，落实好各项要求和工作。

②要排查干部员工的不稳定因素。

③要确保空防安全、地面安全、人员安全、航站安全、危险品运输和特殊货物运输的安全。

④面临安保升级要做好服务工作，做好旅客疏导和员工引导，不能和安保人员发生冲突。

⑤尽心抓好生产，振奋精神、树立信心，在岗在位在状态。

⑥各单位不要在私下打听传言，影响正常的生产和工作。

要求：指出这篇病文的问题，并归纳出主题。

第三节　应用文的材料

一、应用文材料的定义

应用文的材料是作者为表现主旨，体现自己的写作意图和目的所收集、摄取或写入应用文之中的一系列事实、数据或例证。材料构成文章的内容，是形成和支撑主题的客观事实，是构筑文章主体的基石，是说明观点、表现主题的根据。没有材料，或材料不充分，就会缺乏说服力，使得写作无从下笔，写出来的文章势必显得空洞无物。因此，材料就如构筑高楼的砖石，在应用文写作中具有十分重要的作用和地位。

应用文材料的分类方式有多种：按照性质分，有事实材料和理论材料；按照表现角度分，有正面材料和反面材料；按照表现手段分，有具体材料和概括材料；按照来源渠道分，有直接材料和间接材料（也称第一手材料和第二手材料）；按照时间分，有现实材料和历史材料；等等。

二、应用文材料的收集

（一）材料收集的要求

首先，材料收集要全面，就是要尽可能采集广泛的材料。材料多了，才有利于对材料进行比较和鉴别，选择余地也就更大，全面、丰富的材料还能够帮助作者最大程度地避免观点的偏颇。保证行文的公正性和全面性。其次，材料收集要深入，即要透彻，要尽量采集那些有价值、有说服力、具有典型意义、能够充分说明主题、对表现主题有帮助的材料。再次，材料收集要细致，即要精挑细选，去粗取精，去伪存真，收集有用的材料，对主旨说明有帮助的材料，经过这样反复挑选的材料才是有质量和有价值的材料。

（二）材料收集的方法

1）观察感受。这种方法是作者通过置身于对象所处的环境之中，进行亲身体验，围绕命题对对象进行有目的、有计划的感知，获得切身感受，积累素材，并记录广泛材料，取得第一手材料。

2）调查走访。这种方法是通过综合运用体验、查询、观察等方法采集材料，如运用现场了解、蹲点调查、问卷调查等直接和间接相结合的收集方式。调查走访是一种范围广、效率高的收集方法。

3）阅读观听。这种方法就是充分利用文献、音像资料，通过广泛的阅读和视听，掌握大量的信息知识，再运用复印、剪贴、录音、录像等手段来获取需要的资料。

4）网络搜索。当今最快捷、最普遍的收集材料的方法就是计算机网络搜索。通过网络搜索引擎，可以在最短的时间内迅速汇集最广泛的材料。这种方法收集量很大，又便于保存，但是所得信息良莠不齐，有真有假。因此，在进行计算机搜索时，要对所选的材料认真甄别，确保材料的客观、真实。

（三）材料的选择

只有真实的材料才能为处理事务、解决实际问题提供有力的依据；典型的材料能够揭示事物的本质，具有突出的代表性和强大的说服力；新颖的材料能够使应用文有新意，能够吸引人们关注。因此，选取真实、典型、新颖的材料才有可能使文章言之有据，言之有物，内容充实，表现丰富，具有说服力。一般来说，应用文材料选择的依据是“切题、真实、典型。”

1）切题。就是要紧紧围绕主题选择材料，使材料符合表现主题的需要，要选用与主题有关，并能充分表现主题的材料；与主题无关的，或似是而非的，即使再精彩也要坚决舍弃。

2）真实。真实是应用文的生命，选用材料必须要坚持“确有其人，确有其事”的原则，不能杜撰，不能虚构事实。由虚假材料构成的应用文，不具备任何价值，还有可能引起严重的不良后果。所以，应用文材料的真实必须是“绝对的真实”，不仅使用的材料必须是确凿的，引之有据，凡有引文要注明出处，在引用材料的解释上也必须要持科学的态度，做到实事求是。

3）典型。典型是指材料应具有突出的代表性或普遍指导意义。典型的材料最具说服力，能够充分支持主题、体现主题，甚至起到以一当十的作用。典型材料还能以小见大，收到精确反映事物本质的效果。不同的文体对材料的选择各不相同，应用文典型材料的选择，要以典型事例、典型人物和精确数据为主。

范文 1.4

今年 5 月底，××× 机场开展了“现场满意度调查”。此次调查有别于一直以来由旅客地面服务部值机柜台服务质量“由外向内”的评价做法，地面服务部以问卷的形式向部属各项目员工收集对机场现场管控班组的评价。本次评价调查采取不记名的方式进行，共收回问卷 123 份，占一线坐席和运营目标总人数的 66.9%。这次内部管理评价活动旨在提升机场值机现场管控工作质量和效率，帮助地服部更加全面地分析和解决现场管理工作中存在的问题。

范文 1.4 选取的就是非常典型的非常态材料，一反常规由旅客给民航方提意见的方式，由内部人员进行评价、调整新做法。围绕“调查”，运用准确数据得出有说服力的结论，成功达到支撑主题、揭示主题的目的。

4）新颖。新颖是指那些新近发生的鲜为人知的材料，它最能反映时代的气息，体现时代风貌，如新人、新事、新的统计数字等；一些虽为人知却似乎已经不是“最新”的素材，但因采写的角度不同依然具有新意的材料同样也有使用价值。

关于电话中心应急台风“灿鸿”的情况报告

7 月 10 日，受特大台风“灿鸿”的影响，华北地区大面积航班开始被取消和延误，95583 电话线路出现严重拥堵。18:00 时，成都电话中心接听率急剧下降到 68.8%，服

务水平降为12.1%，在线等待的电话量居高不下，始终保持在230通上下……最终经过持续2天3夜的紧张、艰苦的拉锯战，电话线路拥堵的状况出现缓和，逐渐得以缓解，截至12日19:00，电话中心接听率已经上升到85.9%的正常水平，服务水平提高到57.68%，居高不下的拥堵状况得到明显改善。

范文1.5中所用的材料和大量数据均采集自最近、最新发生的事件，由一场突如其来的强台风，引发的一次应急行动，由此产生的新近发生的数据，具有新颖、唯一的特点。同时，通过应急前后的不同数据的对比，具有强烈、清晰的说服力。

（四）材料的安排

材料的安排是指根据主题的需要，将所选用的材料按照写作思路进行合理的组织构造，使材料与主题形成有机的统一，让材料有所依托，能够充分体现和展示主题。应用文写作材料的安排一般有以下几种形式：

1）先亮观点，再列材料。作者先在行文中阐明观点，再用选取的材料对观点进行逐一陈述和说明。这种方法的特点是能够使观点清晰、鲜明、明确，具有引人入胜的作用。

2）先举材料，后亮观点。在文章中先将材料一一列举，再对列举的材料进行细致分析和归纳总结，最后推断出结论，得出观点，这种方法条理清晰，逻辑性强，非常具有说服力。

3）边亮观点，边举材料。即采用夹叙夹议的手法，在写作过程中一边列举材料，一边展示观点，通过摆事实，讲道理，抽丝剥茧，层层深入，达到循循善诱、引导理解的效果。

试比较范文1.6《××× 销售中心紧急应对飞机滑出跑道事故》的原稿和修改稿在选用和组织安排材料上的不同。

范文1.6

××× 销售中心紧急应对飞机滑出跑道事故

原稿：3月，土耳其航空一架飞机从尼泊尔首都加德满都机场试图起飞时滑出跑道，飞机前起落架受损，部分乘客受了轻伤。因突发情况，机场临时关闭，导致所有航班取消，作为国内唯一一家成都飞往加德满都往返航线的始发站，大部分旅客是从成都中转前往加德满都。而此次事件的发生，导致大批航班取消，意味着许多旅客会滞留在成都或者加德满都，被迫中断旅行。中心领导接到通知后，立刻组织各部门召开紧急会议来应对此事。考虑到航班取消将会出现咨询电话增加，导致电话线路拥堵的情况，电话中心按照领导的指示也参加紧急会议，并根据会议研究决定起草了相关处置办法，并将通知下发到一线坐席。由于处置得当，指挥到位，协调有力，尽全力解决旅客的难题，有效降低了公司及旅客的损失，维护了公司良好的品牌形象，对服务提升起到推动作用，最终圆满地处理了该事件。

××× 销售中心紧急应对飞机滑出跑道事故

修改稿：3 月 4 日，土耳其航空公司 THY726 航班的一架空客 330 客机在从尼泊尔首都加德满都机场试图起飞时滑出跑道，飞机前起落架受损，部分乘客受轻伤。因事发突然，机场临时关闭一周，导致所有飞往该地区的航班取消，3 月 10 日机场开放后大部分航班才能逐步恢复正常。成都是国内唯一直飞加德满都航班的始发站，此次事故的发生导致航班大面积取消，意味着将有大批乘坐国航的旅客被滞留在成都或者加德满都。当天下午 4 点 30 分，中心领导接到通知后，立刻组织各部门召开紧急会议来应对此事。会上研究决定草拟《关于加德满都不正常航班处置办法》的临时措施，要求各部门制订各自具体方案。考虑到航班取消将会出现咨询电话增加，导致电话线路拥堵的情况，电话中心迅速会同北京和外包中心针对三地流程特征，当日即出台《电话中心应对加德满都事件处置措施》，并下发到三地坐席，通知即刻起遵照执行。旅客在第一时间得到航空公司妥善的安排与善后，有效维护了公司的声誉。由于处置得当，指挥到位，协调有力，该事件最终得到圆满处理。

原稿中所用的材料不具体，不明确，比较模糊，如“3 月”没有说明是哪一天，“召开紧急会议来应对此事”没有给出应对的结果，“起草了相关处置办法”也没有明确给出具体的办法，电话中心是如何制定部门的相关措施的也不清楚，因此整篇文章中材料非常单薄，没有体现出“紧急应对”的主题，读后给人印象不深刻。修改稿充实了大量的材料，加入了日期、时间、航班号、机型、具体的处置方案以及处置过程的细节描写等，材料紧紧围绕主题，丰富、具体、生动，对衬托和表现主题起到了很大作用，给人留下清晰、深刻的印象。

思考训练

1. 基础训练。

1）应用文材料的选用要符合（　　）、（　　）、（　　）的要求。

2）应用文材料的收集方法有（　　）、（　　）、（　　）、（　　）。

3）应用文材料与观点的组织形式有（　　）、（　　）和（　　）。

2. 阅读范文，回答问题。

范文 1

关于举办 ××× 公司“员工健康行·百人徒步走”活动的通知

各基层工会：

为了贯彻落实党的十八大关于“广泛开展全民健身运动，促进群众体育和竞技体育全面发展”精神，持续深入推进公司员工健身活动，进一步丰富和活跃员工文化生

活，倡导积极健康向上的生活理念，增强团队凝聚力，×××公司工会决定于2014年9月组织开展“员工健康行·百人徒步走”活动。现将活动相关事宜通知如下：

一、活动时间

2014年9月26日（8:40，从机场运行区、飞行区、市内销售中心分别发车，15:00返回）。

二、活动地点

白鹭湾湿地公园（9:40在白鹭湾公园接待中心整队集合）。

三、参加活动名额分配（见附件1）

四、活动要求

1）为了确保活动的顺利进行，请各基层工会高度重视，精心组织，认真准备，在确保安全生产的前提下，组织员工参加活动。×××分公司、×××分公司、×××分公司可根据本单位实际组织开展员工健康行活动。

2）各单位选派参加活动人员应无心脏病、高血压、低血糖等不适宜体育运动的疾病。

3）请各单位参加活动人员统一着公司发放的短袖T恤、运动短裤，适宜徒步行走的运动鞋（个人可自备防晒霜、太阳镜、遮阳帽、毛巾、饮用水等户外用品）。

4）请参加活动人员听从工作人员统一安排，遵时守纪，按照规定路线行走，不得擅自行动。

5）参加活动人员应爱护环境卫生，不要随意丢弃垃圾。

6）请各基层工会于9月23日前将领队（工会主席或工会干部）姓名及联系电话报公司工会办公室，联系人：王小明；电话：×××××××××；邮箱：123456789@qq.com。

特此通知。

要求：

1）指出范文1的主题。

2）指出范文1的主题表现方式以及形式。

3）指出范文1中运用了哪些材料，在材料安排上有哪些特点。

范文2

关于开展“效益攻坚”优秀建议网上投票的通知

各基层工会：

根据“我为效益攻坚献一计”活动的总体安排，公司工会办公室组织开展优秀建

议的评审工作，对各单位上报的87条优秀建议组织专家评审组进行初审，评选出了30条优秀建议。为了让更多的员工关注公司发展，积极献计献策，工会拟对30条建议开展网上公开投票，让更多的员工参与到活动中来。现将相关事宜通知如下：

一、网上投票时间

2014年3月17～28日。

二、投票方法

请从公司内网首页点击进入投票页面，从30条中选出10条认为较好的建议。

三、活动奖励

网上投票活动结束后，工会将在参与投票的员工中随机抽取100个幸运奖，并赠送纪念品一份。

四、相关要求

1）各单位工会专兼职干部、职工代表以及班组长积极参与投票活动，请各级工会做好组织工作。

2）此次网上投票活动是扩大项目影响力，为后期开展合理化建议活动奠定群众基础的创新性尝试，请各单位在员工中做好宣传发动，鼓励广大员工积极参与，确保活动达到预期的效果。

特此通知。

二〇一四年二月二十日

要求：模拟范文2写作一篇应用文。字数要求：300～600字。

3. 根据以下材料拟写报告。

×××机场候机楼商贸公司案例通报单

案例描述（包括事件经过、发生地点、时间、当事人等）：

2014年4月2日15:00左右，乘坐成都—厦门航班的陈先生在爱迪卡公司承租的BALLY店购买了一根2490元的男士皮带，在购买过程中陈先生咨询如果买回去发现不合适是否可以换尺码，接待的店员表示寄回的皮带如果没有问题可以换尺码。4月11日11:00左右陈先生来电，称尺码不合适要求换同款不同色商品，4月10日店面收到了顾客通过快递邮寄的皮带，但寄回皮带与店内销售同款皮带有6点不同之处，疑不是本店原购货物，告知顾客不能换货，顾客不满，即向机场管理部投诉，并声称如得不

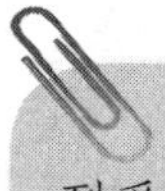

到妥善解决，还将继续向12315进行投诉。

处置描述（包括事件调查内容、处置结果等）：

1）此事发生后，租赁方爱迪卡公司递交了情况说明（附皮带对比的图片照、正品承诺说明及BALLY公司授权经营资质）和处理建议：一是如果因尺码不合适需要修改，顾客可自行拿去修改，费用在100元以内的由店面承担；二是如旅客要求换货，商家须将此皮带先送往BALLY公司总部做产品检测。

2）候机楼管理处得知此情况后十分重视，立即向机场商业管理部、安全质量部呈报了《关于BALLY店顾客换货的情况报告》。

3）候机楼销售部积极跟进协调处理，从4月11日得知此情况后每天追踪租赁商家与品牌方的处理回复，同时也将客人要求退换货的诉求告知商家。但商家及品牌方态度十分明确：①此情况已在市工商局备案，并提交了此款皮带海关报关证明及BALLY公司的发货清单；②拒绝对客人寄回的皮带进行换货，因寄回皮带不是原货物；③市工商局已将此情况回复客人；④对服务中流程不到位的地方愿意接受整改。

4）品牌方的维权意识非常强，坚持要查清原因，但做检测及鉴定只能去瑞士，需要一定的时间，而旅客又催促急待处理，后经公司研究并多次与商家协商，出于旅客对机场的满意度考评及旅客感受的考虑，由商家补偿旅客陈先生1000元。

5）5月4日旅客陈先生来电告知：愿意接受补偿，但对商家要求他书面说明机场未销售不合格产品有异议，但经过反复协商，最终还是同意出具。

6）此事得到了圆满的解决，5月4日向机场集团服务中心汇报处理结果。

服务技巧分析：

在处理客户投诉的过程中，态度是非常关键的，必须要在第一时间与顾客取得联系，接受顾客的投诉，耐心倾听旅客的诉求，做好记录，在处理过程中无论进展如何都要给予对方答复，及时反馈事情的最新进展，积极的处理态度让客户放心，让顾客觉得我们是非常有诚意，在积极解决问题。在此事件上虽然我无过错，但为了防止事态扩大，确保机场的声誉，经过协商，商家愿意支付1000元的补偿，最终才使此事得以解决。

服务亮点分享：

1）耐心倾听旅客的诉求，做好记录。

2）及时做好信息反馈。

3）大局意识较强，把机场形象放第一。

第四节 应用文的结构

一、应用文的结构概述

应用文的结构，是指根据表达应用文中心思想的要求，对文章材料进行的组织安排，也叫谋篇、布局。结构的作用就是把全篇内容统一起来，使文章成为一个有机的整体，达到说明问题、反映问题、解决问题的目的，如开头、结尾的写法，段落、层次的划分，照应、过渡、起承的安排，逻辑关系、线索的埋设等，都是由结构来承担完成的。

材料是文章“言之有物”的基础，结构就是文章“言之有序”的保证。作为构架全篇的系统，结构的搭建体现了作者对全篇文章的组织能力，作者必须思路清晰、准确和周密，才能构建层次清晰、逻辑合理、严谨周密、可读性强的文章。如果文章结构不清晰、不严谨，说明作者思路混乱，写出来的文章就会让人感到不知所云。

二、应用文的结构要素

应用文的结构要素是指构成结构的各环节，指标题、开头与结尾、层次与段落、过渡与照应等。

1. 标题

标题又称题目，是应用文的有机组成部分。标题的拟定要求：一是要贴切，即要表现文章的主题，要切题；二是要简洁，要用最少的文字概括文章的中心，做到言简意赅；三是要吸引人，就是要新颖别致，达到让人眼睛一亮的效果。

应用文标题的形式有两种：一种是公文式标题，依照《国家行政机关公文处理办法》规定，公文标题的构成通常是“发文机关＋事由＋文种”，如《××航股份工发（2014年5号）关于规范工会管理台账的通知》。这种格式属于法定格式，是国家和部门制定的，具有法定性，在写作公文时必须遵守；另一种是一般文章式标题，属于非法定式，通常用于书信、总结、报告、通告、简报等文种，是约定俗成的。在使用时有单标题和双标题两种形式，单标题如《××航华北营销中心售票处2014年销售情况总结》；双标题又称为主标题和副标题，如《为有源头活水来——××航材公司华东分公司党建工作二三事》。

2. 开头与结尾

应用文的开头是全文的起始部分，起着统领全篇、展开下文的作用。作为一篇文章定基调的关键，文章能否吸引读者，引起读者关注和阅读兴趣，开头起着重要的作用；同时，一篇应用文最难写的部分就是开头。因此，写好了开头，也就成功了一半。

常用的开头方式有以下几种:

1）目的、依据式。在文章的开头即阐明发文的目的、依据，如一些公文中的通知、通告、计划等，这种方式通常以“为了”“为”“根据”等介词构成的短语表明行文目的。

2）开门见山式。这种方式是指在开篇就点明文章的主题和结论性的意见，然后逐步展开，进行具体的说明和阐述。这种方式多见于决定和意向书等。

3）概述式。概述式是指开头对全文内容进行简介，在新闻、总结、调查报告中常用这种方式。

结尾是文章的终结部分，结尾的作用是使文章完整、严谨，强化主题。应用文常用的结尾方式有如下几种:

1）强调式。这种方式是对全文的观点进行强调说明，加深读者对全文的理解和印象。

2）希望、鼓励式。这种方式是提出希望、鼓励或表明努力的方向、今后工作的决心等，多用在总结、报告和计划中。

3）自然结尾式。文章不做专门的结尾，而是随着文章主要内容的结束，全文即告结束，自然结尾。在通知、通告、决定等中常用此方式。

3. 层次与段落

层次与段落的划分必须要有合理的依据。安排应用文的层次，要按照文章主题的表现次序，体现了应用文内容的相互逻辑关系；段落是文章的自然段，是文章内容表达时的转换、强调、间歇时的停顿。划分的依据有多种形式，可以按时间顺序，也可以按事件联系关系，还可以以功能和特征或其他方式来划分。例如，请示这一文体，请示的缘由（即依据）是第一层次，请示的目的是第二层次，请示的结束部分是第三层次，安排必须条理清晰、合理。

4. 过渡与照应

过渡是文章层次或段落之间衔接转换的结构形式，对文章起着承上启下的作用，使全文的内容组织严密，脉络畅通，常见的过渡词有“因此”“总之”“那么”“既然”“由此可见”“综上所述”“有鉴于此”等，如通知中“现将相关事项通知如下”。

照应是指文章的前后内容相互关照呼应，使文章表达的内容首尾贯通，将全文形成一个有机整体。

一般而言，照应有以下三种形式:

1）文题照应。这是指文章标题与开头照应，标题与主题照应，标题与结尾照应。

2）前后照应。这是指行文过程中围绕中心思想，行文多次照应主题。

3）首尾照应。这是指文章开头与结尾的照应。总结、述职报告等常采用此种照应方式。

三、应用文的结构类型

常见的应用文结构类型有以下三种:

1）并列式结构。并列式结构又称为横向式结构，即在开篇阐明主旨，然后围绕主题展开各层次的内容，各层次的内容之间是并列关系。并列式结构在应用文中被广泛运用，如规章制度、通知、计划、会议纪要、公告等。

2）递进式结构。递进式结构又称为纵向式结构，是指以时间顺序或逻辑顺序为线索，按照事物的内部联系，在结构安排上层层递进，逐步深入，不断确立和深化主题。请示、调查报告、专题报告等多采用这种结构形式。

3）总分式结构。总分式结构又分为先总后分和先分后总两种，前者即先表明观点和结论，明确全文中心思想，然后以此为中心进行阐述说明和分析；后者则相反，通过分别论述，总结出全文的观点和结论。例如，《政府工作报告》在开头概括年内工作情况，然后依次在政治、军事、经济、外交等方面分别加以阐述。

注意正确使用应用文正文结构中层次划分的符号：第一层次为“一、”，第二层次为“(一)”，第三层次为“1.”，第四层次为“(1)”，第五层次为“①”。

思考训练

1．基础训练。

1）应用文的结构形式有哪些?

2）应用文的横向式结构形式与纵向式结构形式有什么区别？举例说明。

3）修改下列公文标题:

① 客舱服务部关于铺张浪费问题的通知。

② 机务工程部关于批转维修公司关于做好设备维护检测二期工作的通知。

③ 华南基地转发股份公司人力资源部关于转发集团公司人力部《关于公司员工暨离退休员工职工免费机票管理规定》的通知的通知。

2．根据材料拟写应用文。

1）根据下面提供的材料拟写一份会议通知。写作时，材料中的“××”替代的内容可以虚拟。

××航人力资源部准备于2014年6月20～29日，在××市××机场公司总部办公大楼26楼会议厅举办公司年度人力资源研讨会议，6月19日持本通知到公司办公室报到。参加会议人员有公司所辖各分公司人力资源部总经理、办公室主任，每单位名额1～2人。本次会议的目的是研讨整合人力资源，深化人力体系改革，促进公司范围内人力干部工作的协作与交流。

联系电话：×××-×××××××××；联系人：公司人力资源部×××；传真：×××-×××××××××；邮编：××××××。会议的注意事项有四点：①请参加会议人员将到达和返程时间、航班号提前电告会务组，以便安排接待和代办购票；②请填写所附《与会表》，于6月15日前报送会务组，以便统计与会人数，安排住宿；③请各单位准备PPT形式的会议交流的经验材料，报到时提交会务组；④食宿费自理，会议伙食标准每天××元，请按要求缴纳。

2）根据下面的材料，代××机场拟写一份通报。

① ××机场候机楼商贸部原收款员王程凯，男，29岁。

② 王程凯于2007年5月25日～2009年6月16日应聘为候机楼商贸部收款员。

③ 该员工在聘任期间，组织纪律性较差，法制观念淡薄，对收取的税款不按规定及时上缴，虽经单位多次批评教育仍然没有悔改。

④ 问题暴露后，王程凯不但不及时向组织报告，反而外逃躲避，后被公安机关抓获，予以行政拘留。

⑤ 王程凯利用工作职务之便，贪污国家税款，丧失职业道德，给单位造成一定的损失和恶劣影响。

⑥ 各单位组织员工认真学习通报，增强员工的法制观念，提高遵纪守法的自觉性，并建立和健全各种规章制度，严防贪污、挪用税款等类似事件的再次发生。

⑦ 王程凯挪用税款47 872.90元，用于自己吃喝玩乐和赌博。

⑧ 经研究决定，责令王程凯必须把贪污的税款限期退还，并予以辞退。

3．阅读范文，回答问题。

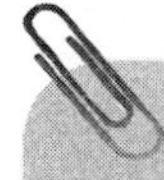

关于航班超售致全体旅客的公开信

尊敬的旅客朋友：

过去的经验和历史数据表明，经常会出现旅客订票后并未购买客票，或者购买客票后不通知航空公司改变或放弃旅行，从而造成航班上座位虚耗，而与此同时，还有更多没有提前购买客票的旅客希望乘坐本次航班旅行。为了减少航班上座位的虚耗，满足更多旅客出行需求，我公司在部分容易出现虚耗座位的航班上进行适当的超售，这种做法对旅客和航空公司都有益，能够兼顾双方的利益。

一、航班超售信息告知途径

我们将在直属售票处及本航网站上发布本公开信，并在机场相关区域通过告示、广播等形式发布具体的航班超售信息。

我们在航班销售过程中和航班出现实际超售时征求航空志愿者。当航班出现实际超售时，我们的工作人员会首先联系或征求自愿放弃座位的航空志愿者，并为该志愿者提供经济补偿和后续服务。

二、在没有足够的航空志愿者的情况下，我们通常会优先保证下列旅客的航班座位

（一）无成人陪伴儿童以及老、弱、病、残、孕等已安排妥当并需要特殊照料的旅客。

（二）VIP 及其随行人员。

（三）持联程客票的旅客尤其是国际联程旅客。

（四）证明有特殊困难急于成行的旅客。

（五）前航班发生实超签转到本航班的旅客。

三、因航班超售而延误行程旅客的补偿和服务标准

（一）如果您选择改签后续航班：

1. 我们负责为您免费改签至后续最早有空余座位的航班；

2. 我们提供一定补偿：

(1) 如后续航班为 × 航航班，我们为您提供一张同航程免票（您需自行负担燃油附加费和机场建设费），您的原购机票可全额退款。

如您不接受免票补偿，我们的现金补偿标准为：后续航班时刻和原定航班时刻差距 4 小时（含）以内的，补偿您所持机票票面金额的 30%；后续航班时刻和原定航班时刻差距在 4～8 小时（含）以内的，补偿您所持机票票面金额的 50%；后续航班时刻和原定航班时刻差距在 8 小时以上的，补偿您所持机票票面金额的 80%。以上补偿金额如果低于人民币 200 元，则按照 200 元人民币进行补偿。

(2) 如后续航班为非 × 航航班，我们为您提供现金补偿，补偿标准参照上面 (1) 款的现金补偿标准执行。

3. 其他服务。

在提供上述免费改签和经济补偿的基础上，我公司将按照航班不正常情况的旅客服务标准为您提供相应食宿服务。

（二）如果您选择退票：

1. 按照非自愿退票处理，免收退票费。

2. 补偿您所持机票票面金额的 30%（如果补偿金额低于 200 元人民币，则按照 200 元人民币补偿）或者 × 航执行的同航程免票一张（您需自行负担燃油附加费和机场建设费）。

四、超售志愿者报名方式

我公司在超售航班中征求志愿者。

如果您自愿成为所购买航班的航空志愿者，愿意在该航班发生实际超售时自愿放弃乘机，并接受我们的上述安排及补偿，您可以在购票时向×航直属售票处提出申请，或拨打×航24小时服务热线400-77-77777联系，或在办理乘机手续时向×航工作人员提出。我公司对您成为航空志愿者表示衷心的感谢，并将严格按照上述规定和承诺为您提供服务。

二〇一二年十月二十日

要求：

1）指出该文的主旨。

2）归纳该文的结构特点，以及结构的类型。

3）试将此文缩写为一篇公告。

第五节　应用文的语言

主题决定应用文“言之有理”，材料决定文章“言之有物”，结构决定文章“言之有序”，语言就是决定文章“言之有文”的重要手段。语言是思想的载体，是构成文章的基础，是人类用来表达意思、交流思想的工具，应用文的语言运用与其他文种相比有更加严格的要求。

应用文语言的运用有如下要求。

（一）准确

准确是指在写作应用文时词语要贴切，语句要恰当，遣词造句要严谨，不能模棱两可，含糊不清，出现歧义。应用文用词要避免出现模糊词语，如“大致”“或许”等字词，有时有些文章会根据文章内容的要求，使用“个别部门”“有些同志”的写法，但这种写法是在特定文章、特定内容环境中出现的，能够使文章的意思表达更加恰当、更有分寸，与含糊其词有本质不同。

（二）简洁

简洁是指在写作应用文时，要力求用较少的文字表达尽可能多的内容，要使语言简练、明白、通畅、言简意赅。应用文语言中经常会用到缩略词，如“经贸”“三无产品”“三严三实”“三农”等；使用一些习惯用语，如“贵（公司）”“本（人）”等，以及部分文言词汇，如“悉听”“为何”“逾期”等。但需要注意的是：缩略词的运用要遵照规范的原则，或者是使用约定俗成的惯用语，不能主观臆造。

（三）平实

平实是指应用文在写作时要使用朴实、平易近人的语言，要使文章通俗易懂，一目了然，要避免使用夸张、描写等修辞手法，这样的文章不利于上传下达和贯彻执行，无法达到行文的目的。

例如，有一篇应用文这样写道："2009年7月的一天，阴云密布，雷声隆隆，大雨倾盆而下，美丽富饶的天府之国顿时被淹没在一片汪洋大海之中，放眼望去，城市、乡村、工厂、田野被陷于一片汪洋，无不受到这百年不遇的特大灾害肆意摧残，损失严重，使本单位因此大受影响……"这篇文章违反了应用文的写作要求，充满了浓厚的文学色彩，不够朴实和简洁，显得累赘和拖沓，这种写法不适用于应用文。

（四）规范

应用文的语言必须要符合国家颁布的有关规定和企业的行政行文规定。例如，标点符号的用法、时间和数字的用法、主题词的选用、行业文书的专业用语等，都必须统一按照规定使用，照章办事，以免造成混乱，这在行政公文中要求尤其严格。

（五）得体

应用文的得体不仅是指文字语言的稳重，还表现在行文用词时对分寸、适度的掌握。

1）祈请词。用于向收文者表达请求和希望，如"希""烦请""恳请""希望"等。

2）引述词。用于引出应用文撰写的理由、根据，如"悉（知道）""根据""按照""遵照""收悉""惊悉"等。

3）承转词。用于承接上下文时的过渡词语，用于陈述理由引出作者的意见，含有总结性的提示含义，如"为此""综上所述""鉴于此""总而言之""总之"等。

4）商洽词。用于表达征询和探询的愿望，如"可否""妥否""当否"等。

5）结尾词。用于文章的结尾，表达作者的最终意愿，如"请批示""请审批""盼复""望协助办理""请尽快予以答复""请指正""特此公告""此通知"等。

文风是一篇文章的作风，它贯穿文章始终，是作者思想观点倾向性通过其内容和形式的表现。应用文的表达方式和语言特点，以及文章的主题和作者的观点、倾向直接构成了应用文的文风。应用文的文风要尽量遵循以下几个原则：①应用文要遵循说真话、实话的原则，要坚决杜绝说假话，只有材料真实、用意真实、目的真实的文章才具有实用价值，才能达到作文的效果和目的；②应用文要实事求是，朴实无华，不夸张，要避免无中生有、夸夸其谈说大话的文章，避免空洞无物、华而不实的文章，这样的文章既不能说明问题，更无法起到解决问题的作用。

思考训练

1. 基础训练。

1）什么是应用文？应用文的写作有哪些基本特点？

2）什么是应用文的主题？主题有何要求？

3）什么是应用文材料？如何收集和选择应用文材料？

4）什么是应用文结构？应用文结构有哪些形式？

5）如何才能提高写作应用文的能力？

2. 阅读范文，根据基本材料进行改写，使语言更符合应用文的要求。

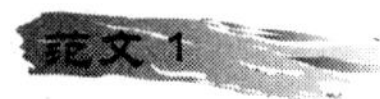

寻物启事

本人不小心丢了一部手机，现工作、生活很不方便，有拾得者尽快交还给我。

陈　卫

二〇一三年五月八日

购置部分课桌及教具的请示

××航空公司领导：

培训中心教学楼很多教室的课桌、讲台和黑板等购于多年以前，因使用年限较长，已经破烂不堪，经常发生倒塌等伤害职工健康事件，已经无法修补，大大影响了培训工作和教学活动的正常开展，以及培训中心的形象。为此，特申请予以更换，所需费用大概 54 000 元。

妥否？请批复。

二〇一四年三月十八日

关于管理代理人网络平台上销售行为的通知

各单位：

目前，互联网平台上出现代理人利用航空公司管理漏洞违规销售国内、国际客票的行为，如擅自修改客票退改签条件，滥用航空公司大客户政策，将常旅客积分兑换的免票加价销售，将旅行社的团队或打包运价在平台上低价裸卖，将航空公司给予代理的后返奖励放到前端直减票价、强制捆绑保险、积分抬高票价等不法行为，严重损害了消费者利益与航空公司的服务品质。

为规范市场销售行为，净化渠道，遏制违规销售频发的局面，各销售单位应积极利用全社会监督机制，发动广大旅客检举网络违规客票销售行为，严惩违规代理商和平台商，促进各渠道间票价及售后服务的一致性，建立公平、有序、良性竞争的市场环境，最大限度地保障消费者的合法权益，对打击不法销售行为和规范代理行为起到了有效的作用，但依然有一些代理人执迷不悟，暗中违规操作，给公司和旅客的声誉和利益带来极大的损害，望各单位继续加强对代理人的监督管理，完善各项管理措施，强化对其销售行为的监管力度，做到乘胜追击，严格执法，力争杜绝此类问题事件的再度发生。

销售部代理人管理科

二〇一四年七月二十日

3. 指出下列材料在语言上的问题，并进行修改。

材料 1：

先进申报材料

在 2015 年，小王的电话接听量为 11 098 通，销售客票 981 张，销售金额达 611 万元，改期 683 张票，各项数据均名列前茅。小休率仅为 3.53%，足以证明该同志工作积极努力。

在 2015 年，该同志因熟练的业务能力及良好的沟通技巧、认真负责的工作态度多次获得旅客表扬。该同志在春运期间的“羊洋得意”，以及暑运期间的“花样坐席团”活动中多次取得了个人出票率以及接听率的冠军。小王以优质的服务和熟练的业务技能，在 2015 年获得旅客表扬数次。

在 2015 年 10 月 13 日，小王接到一位星盟金卡会员陈先生的通过投诉专线打进的来电，陈先生表示他在当天乘坐 × 航 PEK-URC 航班时，在北京机场候补柜台（K 区 18 柜台）办理候补业务时，现场的工作人员态度恶劣，不仅对 × 航的声誉有很大影响，且给他带来了非常不好的感受。当小王接听到陈先生的电话后，用热情的服务态度及时做好旅客安抚工作，让旅客心情平静下来。最后旅客在电话中对她的服务给予了高度评价，并对她提出表扬。

材料 2：

先进申报材料

自 2011 年 8 月 19 日 ×× 加入营销中心以后，工作踏实，态度认真，有较强的责任心和良好的沟通、协作能力，严格遵守中心各项规章制度，爱岗敬业，工作兢兢业业，受到同事和上级的一致肯定，2015 年中数据等各方面进步明显。本年度中截至目前完成销售额 632 万元，每个月销售额均排名靠前，平均出票率：29.72%，出票张数：875 张。多次登上电话中心光荣榜，一季度被评为“营销中心季度岗位明星”。

年初正式被任命为国际组七组组长，在本年度中，先后带领着国际七组的组员们收获了春运活动“羊洋得意”第三名和暑运活动“花样坐席团”第一名以及中心开展“他的班组他的家”的第三名。

在 7 月份的一个下午，正在值班的他接到一位陆女士从国际客票服务队列打过来的咨询电话，通过简短了解后大概得知，她是要为家人变更上海至墨尔本的国际客票时间，因为国际客票的变更费用较贵，补价差较多，询问得知旅客往返次数较多时，最终建议陆女士重新为旅客新订一张往返客票，避免改期带来的费用。陆女士慎重考虑后采纳了他的建议重新购买了一张往返客票。在这过程中，陆女士认为他是在真正地为旅客考虑，并且服务态度很好，提议让他在 10 月的时候给她回电话，说还会订一套 2016 年的客票。几个月的时间转眼间就过去了，在 10 月 8 日的时候，突然有位同事发来信息说有位旅客找他，根据同事提供号码给旅客外呼了，当电话接通的时候，一位女士说“你是 66397 吧，还记得我吗，我是陆女士，上次你帮我订的上海到墨尔本的往返客票！”听到这里他大概记起来了。陆女士说：“这次还想请你帮我订两张客票，是 2016 年 6 月份行程。”他很快又帮陆女士订了两张客票，快结束通话的过程中，陆女士说，明年年初给他打电话订明年下半年的客票，以后会一直找他订国际客票。

4. 按照要求完成以下写作。

1）重庆市川科中学的梁大海、李才新等 8 位同学 2016 年暑假将要到广汉市科创事业有限公司参加社会实践活动，请你代川科中学为他们写一封介绍信。

2）暑假将近，×× 大学面临师生放假。请你以该校校长办公室的名义制作一份规范公文，将放假的有关事宜通告全校师生。

3）根据自己入校以来的学习、生活情况，进行系统回顾和检查，拟写一个情况总结。

要求：观点要明确（经验、成绩或教训、问题），结构要清晰，材料要充实，字数要求在 600～1000 字。

第二章　行政公文写作

第一节　公文的定义和分类

一、公文的定义

2012 年 4 月 16 日由中央办公厅国务院发布，7 月 1 日起实施的《党政机关公文处理工作条例》中对“公文”的定义如下：公文是党政机关实施领导、履行职能、处理公务的具有特定效力和规范体式的文书，是传达和贯彻党和国家的方针政策，公布法规和规章，指导、布置和商洽工作，请示和答复问题，报告、通报和交流情况等的重要工具。

公文，是公务活动中所形成和使用的文字材料，是政策、法规、政令和信息、情况的表现者、运载者，是企业实施管理的基本手段和重要工具，发挥着上令下达、下情上报和信息沟通的重要作用。单位向上级报告情况，需要写成文件；上级向下级部门安排工作，提出工作要求，也需要写成公文印制下发，便于基层照章执行；企事业社会团体面向行业或社会发布公告等，也要印制成公文出示。

行政公文的制发必须经过起草、核稿、签发等程序，收发一般包括签收、登记、分发、签发、承办、催办等程序，这一程序是公文制发的规定要求，而且必须是有序进行，目的就是保证公文制发和办理的质量，维护公文的法定效力和机关发文的权威性，也方便行政公文的保存和查询。公文的格式有惯用格式和法定格式两种，惯用格式一般是指约定俗成的格式，没有严格的规定和限制，如普通公文中的计划、总结的写作格式。法定格式则是由法定机构制定的，必须严格遵照执行的写作格式，是由最高级别的党务机关和法定机构用法规性公文规定的统一公文格式，一般用于法定公文和党务公文。具体到企业，因其的经营性质，其公文管理规定除了具有国家行政公文的一些特征外，还有企业自身的特点：如经营目标的效益型、公文的法定性、程序的合法性、格式的规范性、商业经营的保密性等。一些大中型企业还专门制定有企业自身严格的行政公文规定，民航业的各大企业和各大机构也不例外，如《中国国际航空股份有限公司行政公文管理规定》。

二、公文的分类

1. 按照行文方向划分

按照行文方向，公文可以分为上行文、下行文和平行文。

上行文是指具有隶属关系的机关或业务单位呈报给上级机关的公文。

下行文是指具有隶属关系的上级机关下发给下级部门或业务单位的公文。

平行文是指不具有隶属关系的机构和部门，以及同一系统内的平级部门之间往来的公文。

隶属关系是指上下级机构或部门之间具有的直接管理和被管理的性质。例如，国航西南分公司是国航股份公司的下属单位，属于隶属关系，四川航空股份有限公司是川航重庆基地的上级单位，是隶属关系，但是中国国际航空股份有限公司与四川航空公司之间就不属于隶属关系，是民航系统内无隶属关系的两家公司，类似的还有中国南方航空集团有限公司、中国东方航空股份有限公司等。

2. 按照内容的缓急程度划分

按照内容的缓急程度，公文可以分为急件和普通件。急件又有特急件和急件之分，一般特急件要求 1 天内处理，急件要求 3 天内处理。但在不同的企业，对急件处理时限一般又有各自的要求，多以特急程度办理。

3. 按照保密要求和等级划分

按照保密要求和等级，公文可以分为无保密要求的普通文件和有保密要求的保密文件。在航空企业中，最常见的如销售产品文件、旅客信息资料、飞行命令等大量业务资料均具有企业保密性质，要求严格保密。保密文件又有绝密、保密和机密之分。

4. 按照国家行政机关现行公文种类划分

国家行政机关现行公文有决定、通知、通报、报告、请示、批复、意见、函、会议纪要等种类。

在当今通信发达、网络传输被普遍使用、电子文档流行时期，很多国家机关、企事业单位等机构都针对自己行业的特点和需要，开发和引进了更加科学的网上办公系统，实现信息共享和高效办公。大量的公文开始脱离纸质，通过网络办公的形式发布，传统行政公文传达方式改用网上传输，达到前所未有的简化和高效，而且更加环保和节约资源。电子文件是对传统公文纸发形式的创新和发展，但公文的基本特性和相关规定依然不会发生根本改变。

第二节　决　　定

决定是由各级党政机关记录的决策结果和内容，它是一种带有制约、规范、指导作用的下行文，对于下级机关的工作过程或者活动具有强制力和约束力，是一种兼具领导性与规定性的公文。

决定适用于对重要事项或者重大行动做出安排，奖惩有关单位及人员，变更或者撤销下级机关不适当的决定事项，如《××× 公司关于撤销规划部合并计划处的决定》、《××× 航空公司关于解除 ××× 同志劳动合同关系的决定》。

一、决定的特点

1）制约性。决定是上级部门对重大事项和重大活动的安排和指挥，要求下级部门必须无条件执行，因此具有很强的行政强制力和制约力，是仅次于命令强度的公文。

2）指导性。决定是其对重大事项和重大活动的部署和安排，对下级单位具有指导和指挥的特点。

二、决定的写法

决定的格式主要由标题、正文、签署和日期组成。

1）标题。决定的标题应当精练地反映决定的主要内容，通常要求写全项标题，即“发文机关＋事由＋文种”。

2）正文。决定的正文应具体表达决定缘由及对具体事项或行动的意见、要求、方法、措施等内容。

内容比较简单、篇幅短小的决定，可以按照“缘由＋内容”的顺序安排写作。

内容比较复杂、篇幅较长的决定，写法上要注意紧扣主题，对决定的内容进行逐项阐述，只有逻辑清晰、条理清楚、通俗易懂、清楚明了的决定才能起到指挥和指导工作的作用，才能具备使人们服从的权威力量。

表彰和惩处类的决定，内容相对复杂，常采用“开头＋主体”架构。第一部分是开头，即阐明做出决定的依据；第二部分是主体内容，要说明表彰和处分的缘由、处理意见和需要大家学习效仿或引以为戒等内容。这类决定常被写作《××× 通报》。

3）签署和日期。决定的签署与其他行政公文一样，在正文的右下方签上发文机关及成文日期，其中，如果是需要明确通过决定的时间及会议，则可将二者写在标题的下方。

三、决定写作的事项

1）注意决定的事由要充分、准确。决定事由的依据、理由必须要充分、准确，并且简明扼要，才能够以理服人。

2）注意决定的事项要清楚、具体。决定的事项要说清楚决定形成的原因，决定的内容、结论，以及贯彻执行决定的具体措施、如何执行等，便于相关单位执行。

范文 2.1

关于 ××× 分公司负责人的任命决定

根据《中华人民共和国公司法》和本公司章程的有关规定，经本公司股东会表决一致同意通过：

同意任命 ××× 同志为 ××× 分公司的负责人，全权处理并负责 ××× 航空公司 ××× 分公司的业务工作安排等一切事宜。

公司名称：×××

法定代表人：×××

二〇一四年四月十八日

范文 2.2

中共中央关于全面深化改革若干重大问题的决定

为贯彻落实党的十八大关于全面深化改革的战略部署，十八届中央委员会第三次全体会议研究了全面深化改革的若干重大问题，作出如下决定。

一、全面深化改革的重大意义和指导思想

（1）改革开放是党在新的时代条件下带领全国各族人民进行的新的伟大革命，是当代中国最鲜明的特色。党的十一届三中全会召开三十五年来，我们党以巨大的政治勇气，锐意推进经济体制、政治体制、文化体制、社会体制、生态文明体制和党的建设制度改革，不断扩大开放，决心之大、变革之深、影响之广前所未有，成就举世瞩目。

（略）

（2）全面深化改革，必须高举中国特色社会主义伟大旗帜，以马克思列宁主义、毛泽东思想、邓小平理论、“三个代表”重要思想、科学发展观为指导，坚定信心，凝聚共识，统筹谋划，协同推进，坚持社会主义市场经济改革方向，以促进社会公平正义、增进人民福祉为出发点和落脚点，进一步解放思想、解放和发展社会生产力、解放和增强社会活力，坚决破除各方面体制机制弊端，努力开拓中国特色社会主义事业更加广阔的前景。

（略）

四、决定和决议的区别

决定和决议都是具有法规性质的重要公文，都是对重大事项、重要问题、重大行动做出的决策，但是又有一定区别：决议必须是通过会议审议，对重大问题和重大事件形成的重要决策，具有极强的决策性、程序性和权威性，而且必须通过书面文书下发，具有宏观战略性意义，在党政机关公文中排列首位，是最重要的公文。例如，《关于建国以来党的若干历史问题的决议》。又如，大型国有企业召开职工大会，也常使用决议文种发布会议公文，如《××× 公司二〇一五年职工大会决议》。

决定可以用于各级各行业党政机关，可以是会议讨论结果，也可以是口头发布，并且更加具体，针对性更强。而决议必须是经过会议讨论通过形成的结果。

写作中，决议一般会有“会议认为”“会议号召”“会议决定”等文字，决定中常用“决定如下”“为此决定”等文字。

范文 2.3

中共四川省委关于认真学习、坚决贯彻
《中共中央关于加强党同人民群众联系的决定》的决议

（中共四川省五届七次全委会 1990 年 3 月 24 日通过）

中共四川省第五届第七次全体委员会会议于 3 月 22 日到 24 日在成都举行，省顾委委员、省纪委委员列席了会议。会议认真传达了党的十三届六中全会精神，学习讨论了《中共中央关于加强党同人民群众联系的决定》。到会同志一致认为，六中全会是在十三届四中全会、五中全会所确定的工作已经全面展开，各项事业正在健康发展，国际风云变幻的时候召开的一次重要会议。六中全会向全党郑重提出了密切党同人民群众联系的要求，并做出相应的决定，这是进一步恢复和发扬党的优良传统和作风，全面加强党的建设的又一个重大决策……

……

省委全会以整风精神学习《决定》，联系我省实际，初步进行对照检查，分析了当前党内存在的消极腐败现象和脱离群众的错误倾向，讨论了贯彻落实六中全会《决定》的意见和措施。全会要求，各级党组织和全省共产党员，首先是党的领导干部，都要以整风精神认真学习和坚决贯彻《决定》，在各项工作中自觉执行党的群众路线，大力加强党风建设，用实际行动改进领导作风和工作作风，同腐败行为和各种脱离群众的倾向做坚决的斗争，全心全意为人民谋利益，切切实实为群众办实事。为此，特做如下决议：

一、（略）

……

第三节　通知、通报

一、通知

通知在社会活动中的适用范围广，使用频率高，从公布国家的政策法令到基层单位的事务告知，无论是党、政、军机关，群众团体，还是企事业单位，上至中央，下至地方，单位无论大小都可以使用通知这种公文形式。批转下级机关相关的公文，转发上级机关和不相隶属机关的公文，传达要求下级机关办理和同级别单位需要周知或者执行的事项都可以使用通知的形式。

1. 通知的种类

以通知的内容来归纳，通知主要有以下几类：①会议通知；②布置工作的通知；③交流信息和发布消息的通知；④转发请示、报告和意见的通知；⑤传达领导意见、任免干部、发布行政规章的通知。

2. 通知的写法

通知的写作格式由“标题＋主送单位＋正文＋落款日期”组成。

1）标题。常用的写法有两种：一种是“发文机关＋事由＋文种”，另一种是“发文事由＋文种”。还可根据内容的紧急程度，冠以“重要通知”“紧急通知”等。例如，《民航工会关于做好“我的班组我的家”主题展示活动的通知》《关于做好洛杉矶航站搬迁候机楼旅客告知工作的通知》《关于转发民航局〈航空安全预警信息〉（2015 年第 29 期）的通知》。

2）主送单位。即被通知对象的称呼，一般是单位，但有时也可以是个人。称呼可用全称，也可使用规范简称，简称必须规范，是为避免产生歧义。

3）正文。正文内容必须主题清楚、意思明确、事项具体，要让通知对象一目了然，便于遵照执行。

4）落款日期。通知的正文结束后要将发文单位和成稿日期写在后面，最后加盖公章。

3. 通知的特点

通知具有以下特点：

1）广泛性。通知可用在各行各业和各种领域范围，体现了其广泛性。

2）知会性。通知的主要作用就是知会，用于上传下达和转发信息。

3）时效性。通知具有一定的时效性。

××× 航空股份有限公司保卫部文件

××× 航股份保卫发〔2015〕9 号

关于严格落实飞机安保清舱要求的通知

各分公司、运行控制中心、飞行总队、商委委员会、地面服务部、客舱服务部、空中保卫支队、航空安全管理部、航站管理部：

当前，正值纪念抗战胜利 70 周年活动安保敏感期。为严防无关人员和物品上机造成安全隐患，确保航班空防安全，现对有关工作重申如下：

一、在旅客登机前和下机后、货物装载前和卸载后，飞行员、乘务员、航空安全员、货运和地服人员、机务维修人员应按照清舱分工，对飞机驾驶舱、客舱、机组休息室、腹舱、电子舱、起落架舱、维修通道等进行认真检查。

二、在直接准备阶段，机组要对照航空器客舱安保检查单，重点对驾驶舱、卫生间、衣帽间、行李架、座椅、应急设备、储物柜、厨房等进行清舱检查。

三、在旅客下机后，乘务员、航空安全员应对客舱进行全面清舱检查，防止旅客物品遗留在飞机上。

四、乘务组应加强对客舱门的监控，防止无关人员登机。要认真清点登机旅客人数，旅客登机结束后，应与地面工作人员核对旅客人数，办理交接手续。当发现旅客人数与舱单不符时，迅速通知地面工作人员查明情况。

五、对已办理登机手续但未登机旅客的交运行李，应按规定卸下飞机。

六、遇有非正常情况需要对飞机进行局部或全面清舱时，机组应果断决策，及时报告，并做好相关工作。各单位应按照公司《航空安全保卫方案》的要求，实施清舱检查。

因责任原因造成无关人员和物品上机的，公司将严肃追究相关人员的责任。

特此通知。

（印章）

二〇一五年三月九日

抄送：公司领导，货运有限公司、飞机维修工程有限公司、航空有限责任公司、××× 航空分公司、××× 分公司。

经办单位：保卫部　　　　联系人：×××

联系电话：12345678　　　　2015 年 3 月 9 日印发

这是一份以红头文件的形式下发的通知，是标准格式的通知范本，整篇文章行文格式非常规范，每一个部分都无缺失，非常完整、正式。因此，具有较强的法规性、权威性和指导性。

还有一些通知的格式不像范文2.4这样规范，但使用频率也非常高，这种通知大多因传达范围相对较小或内容比较单一，在格式上比较简洁，因此，在法规性和权威性上，较前者相对较弱。

范文2.5

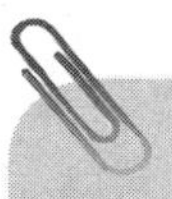

通　知

各部门：

根据股份公司华东南〔2014〕33号文，×××航华南公司将于2013年1月1日起终止与×××航空公司和×××航空公司的地面代理协议，因此我公司也将于2013年1月1日起停止为以上两个公司提供货运地面代理服务。

在此之前，请各部门继续按照原协议做好各项运输保障工作，确保两家航空公司航班的货运安全、正常运行。

特此通知。

市场业务部

二〇一二年十月二十日

这份通知内容比较简单，行文言简意赅，但主旨意思清楚明确，格式比较简洁，使用的是约定俗成的写作格式。这样的通知在各行业中运用非常广泛。

二、通报

通报适用于表彰先进、批评错误、传达重要精神或者情况。通报属下行公文。

1. 通报的种类

通报按照性质和内容可分为以下三类：

1）表彰性通报。用于表扬先进，介绍经验，倡导精神，推进工作的提高和发展。

2）批评性通报。用于批评错误，纠正错误，引起人们的警觉和注意，加以防范、防止类似错误的再度发生。

3）传达性通报。用于对重大精神和情况的传递与知会，使人们知晓内容，了解情况，促进工作。

2. 通报的特点

通报具有以下特点：

1）真实性。通报的内容必须是真实、客观的，不能凭空捏造。

2）典型性。通报通过对典型事件或人物的传达，起到教育和警戒的作用，只有典型的事件才能产生感人的效果，达到教育的目的。

3）教育性。通报的内容不仅需要知会人们通晓具体情况，更要人们通过了解具体内容，学习先进精神、优秀经验，完善和推进工作，或是对错误和失败引起重视，引以为戒，防止再犯。

3. 通报的写法

通报由“标题＋主送单位＋正文＋落款和时间”组成。其基本构成与通知一样。

1）表彰性通报和批评性通报。

第一部分阐述事实。对先进人物或后进人物的先进事迹或错误行为进行客观叙述，要求对人物事件的叙述要真实、全面、具体。

第二部分分析评议。对具体事件、人物或集体进行正确的分析和评议，指出典型意义，介绍值得推广的经验价值，或对错误事件或行为进行评价，分析错误原因，指出其影响或危害。

第三部分做出决定和要求。表扬性通报要写明组织结论，是奖励还是处分，是表彰还是批评及具体内容，并要提出希望和要求。批评通报一般会有针对性地提出防范措施和规定。

2）情况通报。

情况通报的写法有两种：一种是单纯对相关事件或情况的客观叙述，达到明确告知事实的目的；另一种是在叙述的基础上，对所叙述事实进行分析和说明，并要结合实际，有针对性地提出指导性意见或措施。

4. 通报写作的要求

通报写作的对象要选取真实的、具有代表性的典型事例或人物，这样的对象能够在社会群体中起到榜样或警示作用，才能够推动工作的开展。通报还具有时效性，通报的时机如果不及时，对当前的工作无法起到有效的推动作用，就会失去其宣传教育的意义，削弱其通报的价值。

范文 2.6

关于表彰二〇一四年先进工会干部、优秀工会积极分子的通报

×××分公司各分工会：

一年来，各分工会围绕分公司工作和工会重点工作，积极开展民主管理、班组建设、劳动竞赛、合理化建议、职工文体活动、帮困扶贫等各项工作，认真落实“组织

起来，切实维权”的工作方针，为维护职工合法权益、促进分公司和谐健康发展做出富有成效的工作。根据×××工发〔2014〕21号《关于评选分公司2014年度先进工会干部、优秀工会积极分子、优秀职工之友的通知》精神，分公司工会自下而上推荐，评选出分公司先进工会干部、优秀工会积极分子、优秀职工之友，并推荐至分公司。现对以下先进个人予以表彰：

一、公司级先进工会干部

×××

二、公司级优秀工会积极分子

×××

三、分公司级优秀工会积极分子

×××、×××、×××

望以上受表彰的先进再接再厉，发挥模范带头作用，在各自的岗位上为推动工会工作的开展做出积极贡献。

特此决定。

×××分公司工会

二〇一五年二月二十一日

范文2.6通报表彰年度先进，简述评优依据，概述先进人员主要先进事迹，然后排列表彰名单，最后提出鞭策和希望，结构清楚，中心意思紧凑，语言简明扼要。

范文2.7

关于二〇一〇年春运服务质量检查情况的通报

飞行部、客舱部、地服部、培训部、运质部：

为做好2010年春运运输服务保障工作，确保春运期间运输服务质量，根据《关于开展春运服务质量检查的通知》（×××航股份公司发〔2011〕18号）的要求，公司成立了以×××副总经理为组长的春运服务质量检查组，于1月30日～2月8日分别对各窗口服务单位的春运运输服务质量情况进行了检查。现将检查情况通报如下：

一、检查概况

本次检查的重点包括春运期间各单位的值班情况、春运服务预案及实施、航班大面积延误处理、服务规范实施情况、机票超售、中转服务、特殊旅客运输、行李运输、服务设施设备、空中服务和投诉管理等与春运相关的重点服务环节和场所。

检查人员依据分公司地面服务质量检查表、空中服务质量检查表和服务规范检查单具体检查了以下方面的：

1．地面服务：检查了1月30～31日的值机服务、候机服务、“两舱”休息室服务、航班延误处置服务、行李运输服务、中转服务、市内售票服务、机场售票服务和行李装卸等生产环节和场所。查看了1月30日10:00～13:00和1月31日9:10～14:00的地面服务情况，抽查了1月30日11个航班，1月31日12个航班的服务保障情况。

2．空中服务：跟班检查了2月2～8日11个航班，涵盖了2小时以上、4小时以上，国际、国内，国内中转、国际中转等具代表性的航线，重点检查了两舱服务、长航线客舱巡视、中转广播等空中服务实施情况。

二、总体评价

（一）好的方面。

1．各单位均认真制定和落实了本单位的春运保障方案。

2．空中服务方面：乘务员熟悉并逐渐适应两舱服务规范，服务主动、积极、热情，能做到客舱不间断巡视。

3．地面服务方面：加大了大件行李的卡堵力度，主动进行托运行李提示；离机服务能准点到位并主动帮助老、弱、病、残旅客离机；登机服务能主动寻找优先登机的旅客；自营休息室干净、整洁，报刊、食品摆放有序，服务主动。

4．行李运输方面：所有检查的进港航班行李首件均在20分钟内交付；星盟高端旅客行李做到卸机时分开放置，优先交付；对交付行李进行了核查；不正常行李在2小时内拍发查询电报，行李分拣区摆放有序，平板车上行李码放规范。

5．售票服务方面：市内售票处环境整洁，服务人员着装规范，能站立迎送购票旅客，柜台摆放定妆照，大部分做到双手递接，服务规范执行较好。

（二）需关注的事宜。

1．售票服务方面：检查时市内售票大厅未见引导服务；机场售票处人员佩戴证件不统一，无站立服务，女服务员未戴围巾，机场国际柜台在1月30日10:08检查时未见工作人员；国内客票服务热线1月30日检查时段不能打进。

2．地面服务方面：有的服务人员未按服务规范致接机欢迎词，对旅客需求的关注度还不够。

3．行李保障方面：1月30日ZH673残疾人轮椅未做到优先交付。

4．空中服务方面：2月3日青岛—巴厘岛（包机），空中飞行时间6小时以上，机上仅配一餐且无备份餐食，旅客对餐食配备很不满意；普通舱配的水饺太面、口感不好，且餐食分量不足、无备份；2月7日成都—苏眉岛（包机）机上广播员对春节广播词运用不熟练。

望各单位接此通报后，对照检查情况，认真做好分析改进工作，确保服务品质的有效提升。相关整改措施请于2月22日前提交运质部（联系人：×××，电话：12345678）。

特此通报。

×××航股份有限公司（印章）

二〇一〇年二月二十二日

抄送：公司领导，货运公司

经办单位：运行质量管理部　　联系人：×××

联系电话：12345678　　2010年2月22日印发

范文2.7是一篇情况通报，内容比较复杂，主体分成四个部分。第一部分总体概述，简要说明通报内容和事件经过，事由、人物、事件交代得清楚、明白。第二部分是最重要的内容，分别对提出表扬的事件和暴露发现的问题，以及每项工作的检查过程进行了细致分析和详细说明，并对每一事例都进行了恰如其分的评议，非常全面和具体。第三部分就检查情况的结果进行总结，并对通报发布后的工作做出了具体要求。整篇通报层次清楚，文字简明扼要，对通报中的事件时间、地点、单位、经过的表述非常具体、准确，具有很强的警示和指导作用。

第四节　报告、请示与批复

一、报告

报告适用于党政机关、社会团体和企事业单位，是一种向上级部门汇报工作、反映情况、答复上级部门询问的文种。报告属一种陈述性的上行文。

1. 报告的特点

报告具有以下特点：

1）已然性。报告是对已经完成或正在进行中的工作情况的阐述，是发生在工作时间之后的行为，因此具备明显的已然性质。

2）单一性。报告可以一事一文，也可以多事一文，但报告中不能夹杂请示。

3）陈述性。报告主要以陈述事实为主，要在掌握充分事实材料的基础上，以客观事实为依据，围绕主题，突出重点。

2. 报告的种类

报告，按其呈报要求可分为呈报性报告、呈转性和呈复性报告；按其内容可分为综合报告和专题报告、工作报告和情况报告、调查报告。

3. 报告的写法

报告由“标题＋主送机关＋正文＋落款及日期”四部分组成。

1）标题。一般用全标题的写法，即由发文单位、报告内容和文种组成，也可以由“事由＋文种”组成，省略其发文单位。

2）主送机关。主送机关写在正文前第一行。

3）正文。报告的正文一般也分为开头、主体和结尾三部分。

正文的开头，一般是简要说明报告的目的或有关情况，有时是对报告的情况作简要概括。采用的方式常用说明式或概括式。

正文的主体应集中反映报告的核心内容，其具体写法因报告种类不同而略有差异。综合性报告、呈报性报告及专题报告，因主要是汇报工作情况，按其内容基本上是采用顺叙法。呈转性报告因其主要目的是反映对具体问题的意见和看法，所以其内容的安排亦采用顺叙法。

正文的结尾部分写法，一般多无特殊的结尾，工作汇报完毕，全文即告结束。结尾常用语可使用“以上报告，如有不妥，请指正”，也可简单写为“特此报告”；呈转性报告的结尾比较固定，常用语是“以上报告，如无不妥，请批转 ×××，××× 贯彻执行”。

4）落款及日期。如果标题采用的是“事由＋文种”的写法，或者即使标题是全标题的写法，为了郑重起见，也要在报告全文结束后的下方写上单位全称，再写成文的日期。

4. 报告写作的要求

1）要明确写作目的。明确写作目的主要从以下三个方面着手：一是根据写作报告的目的确定报告的具体种类；二是根据目的选择典型材料和确立重点内容；三是报告的观点要正确。

2）报告的材料应确实、可靠。报告的材料必须客观和真实，要实事求是，如实概述事实。

3）报告的文字要简练，语言要准确，对材料的使用要详略得当，突出重点。

××× 航空公司 ××× 销售中心二季度思想教育工作报告

第二季度，中心党委按照上级党委的总体部署，全面推进落实“两个责任”建设工作，组织开展了党的“三严三实”一阶段专题教育、党员民主评议活动、干部测评

反馈以及半年工作总结等工作；同时，中心党委加强了员工思想政治工作，各级干部员工思想状况整体保持平稳，有效地促进了中心各项生产销售工作的正常、有序进行。

一、第二季度党群主要工作

（一）坚持理论学习，深入推动“三严三实”一阶段专题教育。

1．中心党委坚持以开展“三严三实”专题教育工作为主线，立足中心工作实际，制定了《“三严三实”专题教育计划》，要求各党（总）支部把开展“三严三实”专题教育作为重大政治任务，融入领导干部经常性学习教育中，在中心内部形成践行“三严三实”要求的浓厚氛围。中心各党（总）支部通过中心领导班子成员讲党课、专题学习研讨等方式，深入学习了习近平总书记系列重要讲话精神，重点研读了《习近平谈治国理政》书本内容，进一步明确了“三严三实”的重大意义，丰富了中心学习内涵和实践要求。

2．领导班子专题学习了党的十八届三中、四中全会和十八届中央纪委三次、四次全会会议精神，认真领会上级关于党风廉洁建设责任制党委“主体责任”、纪委“监督责任”的工作要求。

（二）中心从以下11个方面积极开展工作，全面推进落实中心“两个责任”建设。（略）

（三）做好干部测评总结和反馈工作。（略）

二、职工关心的热点、难点问题

（一）派遣制员工转制工作。（略）

（二）派遣制员工劳动合同续签工作。（略）

（三）营业部员工住房费用调整问题。（略）

回顾第二季度的工作，中心党委在上级部门的指导下，取得一些阶段性的成绩，做了我们该做的工作，也为职工解决了一些实际问题，但是在工作中也暴露出我们很多需要改进和提高的地方，如职工反映对上级部门的信息传达不畅，不能够及时了解相关工作指示和思想精神；一些优秀的人才得不到提拔和任用，而个别基层干部在工作能力和思想素质方面无法胜任工作需要，需要进行培训提高，或者经过群众评议，给予相应的组织处理等。这些问题都需要引起我们高度重视，尽快予以解决。

三、下一阶段工作

（一）继续推进“两个责任”建设工作，建立党风廉政建设长效机制。

（二）继续按计划开展“三严三实”专题教育活动，做好中心10B级以上干部的学习教育工作。

（三）继续开展领导干部“四个一”专题活动，重点在于中心领导班子讲党课按计划实施……

特此报告。

销售中心党委

二〇一五年七月二十九日

这篇范文的工作报告分为三个层次，即对工作成绩、存在的不足以及未来的工作计划分别加以阐述。报告采用条款式结构，把三个部分详细划分。开头部分简要综合季度工作。第一部分详细分列完成的每一项工作情况，以及取得的成效，每一项完成的工作之间也存在自然联系，归于主题之下。第二部分简单说明还需要改善和继续跟进的工作。最后列出下一阶段工作计划。每一项工作单列叙述，层次井然有序，文字语言非常简练，叙事简明扼要，数据清楚明了。

二、请示与批复

请示是下级机关向上级机关呈批事项、请求指示和批准的公文。请示是一种典型的上行文，上级机关收到请示后，应当及时给予指示、批复。批复是上级机关对下级机关的请示事项的答复。

（一）请示与批复的特点

1．请示的特点

请示具有以下特点：

1）呈批性。请示行文目的是向上级部门请求批示，上级机关对所呈报的事项无论同意与否，都必须给予批示。呈批性是请示的基本特点。

2）内容单一性。即一篇请示的公文只写一件事或一个问题，亦即所谓的“一文一事”“一事一请示”。

3）行文事前性。请示的内容必须是经过上级部门批准以后才能付诸实施，因此事前行文是请示的特点之一。

2．批复的特点

批复具有以下特点：

1）针对性。批复是上级机关对下级请示事项的回答、批示。没有请示，就没有批复。

2）单一性。因请示是“一事一请示”，批复自然也是“一请示一批复”，即请示什么，批复什么，不能批复请示事项之外的事情。

3）权威性。批复体现了上级机关的权威和意图，获得批复的请示单位必须严格按照批复遵照执行。

4）明确性。批复必须针对请示明确态度，表明意见，不能含糊其词，让下级机关无所适从。

（二）请示与批复的写法

1．请示的写法

请示由“标题＋主送单位＋正文＋签署及日期”组成。

1）标题。请示的标题由请示单位名称、事由（请示事项）和文种（请示）组成，有的只写事由和文种。标题中的事由必须是请示主要内容的精练概括，一般为请示事项或问题的名目，如《关于对销售代理人发放上半年奖励兑现的请示》。

2）主送单位。即请示单位的直接上级机关，主送单位只能有一个，要写全称或规范的简称。如有双重隶属关系时，则应主送能够直接批复的隶属上级机关，另者则应以“抄报”处理。

3）正文。请示的正文包括请示缘由、请示事项及请示批准的希望或要求。

① 请示缘由。简明扼要地写出提出请示事项或问题的缘由，即请示构成的原因、理由和依据，这部分内容要求必须充分和透彻。

② 请示事项。请示事项是全文的重点，明确提出请示的事项或问题及相应的具体意见。这部分多采用条款式，要清楚、具体地提出需要解决问题的意见，切忌含糊不清。

③ 请示批准的希望或要求。最后一部分是向上级机关提出请求批准的希望或要求，常用语有“当否，请批准”或“以上请示，妥否，请指示”等。

4）签署及日期。请示全文之后要写上请示单位的全称和成文时间。

撰写请示的注意事项如下:

1）必须做到“一文一事一请示”，不能在一份请示中同时请示两个以上不相干的问题、事情。

2）不能越级请示，请示应严格按照机关隶属关系逐级报送，特殊情况需要越级请示时，也必须抄送被越级机关。

3）只能有一个主送机关，不能出现多头主送，有双重领导的机关时，应视其内容分别列出主送和抄送机关。不能抄送下级机关。

4）请示与报告必须区分开，不能混用，不能写成“请示报告”。

2．批复的写法

批复的结构由“标题＋主送机关＋正文＋落款和日期”构成。

1）标题。

① 由发文机关名称、批复事项、文种构成，如《国务院关于〈婚姻管理条例〉的批复》。

② 由发文机关、事由、文种构成，如《成都市人民政府关于同意在简阳选址修建第二机场的批复》。

③ 由发文机关名称、原件标题、文种构成，如《×××航空公司人劳部〈关于增加高校招生名额的请示〉的批复》。

2）主送机关。在标题下方定格写明主送单位，如果有多个单位的，可以一并写明。

3）正文。由开头、主体和结尾组成。

① 开头，运用简明语言引述来文作为批复的依据，如引述来文日期："×年×月×日来文收悉"；引述来文文号："×年×月×日×号文收悉"；引述来文日期和文号："×年×月×日×号文收悉"；引述来文日期和文件名："×年×月×日《关于×××问题的请示》收悉"；引述来文日期和请示事由："×年×月×日关于×××问题的请示收悉"。引述之后一般写上"经研究、经×××同意，现批复如下："。

② 主体，是批复的主要部分。主要针对请示的事项给予明确的答复和具体指示。批复要求"一文一事""一请示一批复"，要态度明确，不能含糊其词，模棱两可。如果不同意，要说明原因；如果原则上同意，要给出补充意见和建议，使请示人便于理解和修正和执行。

③ 结尾，一般写"此复""特此批复"等习惯用语。

4）落款和日期。

关于王××、张××辞职的请示

人力资源部：

王××，男，1982年11月出生，××××年参加工作，××××大学飞行器动力工程专业毕业，本科学历，×××工程师（岗位层级8B级），与公司签订固定期限劳动合同（2013年7月17日～2016年7月16日）。

张××，男，1987年1月出生，××××年参加工作，××××大学毕业，本科学历，×××助理工程师（岗位层级6A级），与公司签订固定期限劳动合同（2012年8月6日～2016年10月5日）。

王××、张××因个人原因提出辞职。经分公司研究决定：拟同意王××、张××的辞职申请。

妥否，请批示。

附件：王××、张××《辞职申请书》

（单位盖章）

二〇一五年八月十日

抄送：

经办单位：人力资源管理部　　　　联系人：×××

联系电话：×××××××××　　　　2015年8月11日印发

该范文是一份关于职工辞职的请示，辞职人员信息资料详尽，任用合同资料清楚，并附《辞职申请书》，材料充实，行文干净简洁，用语规范，格式完整。

范文 2.10

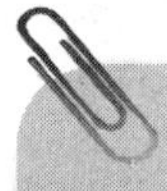

关于××省设立××市的批复

民行批〔1991〕74号

××省人民政府：

你省1991年12月20日《关于撤销××县设立××市的请示》收悉。经国务院批准，同意撤销××县，设立××市（县级），以原××县的行政区域为××的行政区域，不增加机构和人员编制，由省直辖。

民政部

一九九一年十一月三十日

这是一份带有指示性质的批复，针对原请示，做出了同意的批复，并且给出了行政区域和编制、机构的指示，语言简明、庄重，充分体现出批复机关的权威性。

（三）请示与报告的区别

请示与报告的区别如下：

1）行文目的不同。请示用于向上级请求指示或批准某些事项，待上级明确审批意见后再实施；报告对已经实施的工作中的事项进行汇报，两个文种的作用不同。请示是对工作起始的请求；报告则起到汇报工作，反映情况供上级了解或参考的作用。

2）请示发生在事前，报告发生在事后，报告还可以产生在工作期间；请示要求批复，而报告则可以批复，也可以不批复。

3）侧重点不同。请示和报告都是上行文，但请示是请示性公文，侧重于提出问题，请求指示和批准；报告是陈述性公文，侧重于汇报工作，陈述建议和观点。

4）篇幅不同。请示一般篇幅比较短小，报告涉及内容较广，篇幅较长。

第五节 函及复函

函，也称公函，是商洽性公文。函适用于不相隶属的单位之间商洽工作、询问和答复问题，是请求批准和答复审批事项的平行文。

一、函的写法

函的一般格式主要包括标题、发文号、主送单位、正文、落款与日期。

1）标题。函的标题要使用全标题，即包括发文单位、事由及文种。其中，事由应是对正文主要内容的标准而精练的概括，如《××× 关于欧洲地区市场调查中销售问题的函》。回复问题的函，则应在“函”前加“复”字，如《××× 航飞行部关于 ××× 人员调配问题给人力资源部的复函》。

2）发文号。一般在公文机关发文代号后加“函”字。

3）主送单位。函的主送单位一般为一个，如内容涉及多个机关的可以有多个主送机关。

4）正文。函的正文部分行文比较自由，去函的正文先写商洽、请求、询问或告知的事项。常用“现将有关情况说明如下：”带入下文内容，然后提出希望、请求或要求，应简明扼要，又要交代清楚。函的主体部分写法要求行文简洁、中心明确、意思清楚、内容具体，语气要得体，口气要谦和，注意分寸与礼貌。

5）落款与日期。函的落款与日期是重要组成部分。函的正文写完之后，最后要有签署日期，并要加盖公章。

二、复函的写法

复函正文的一般结构是先引述来函，可引来函的文件名称、发文字号、主要内容，如“贵公司 × 字 × 号文悉”这样的格式，也可以直接写“电悉”“函悉”；然后写答复的主要事项，所答复的内容要围绕来函，要准确表达意见，态度要鲜明。在复函中，要针对来函中提出的问题予以答复：同意或不同意，同意将怎么办，不同意是什么原因或应该怎么办，不应该怎么办等。

复函结尾部分可根据不同类型的函件，选择“此复”“特此函告”“特此函复”等结束语。

复函的落款与日期是重要组成部分。复函的正文写完之后，最后要有签署和日期，并要加盖公章。

范文 2.11

×× 部关于下发 2015 年冬春季航班计划的函

各属地分公司、工程技术分公司、运行控制中心、飞行部、销售部、地面服务部、客舱服务部、信息管理部、空中保卫支队、集中采购部、规划发展部、财务部、运行标准部、航站管理部：

2015 年冬春季（2015 年 10 月 25 日～2016 年 3 月 26 日）航班计划已经制订完毕，具体请见附件，并请各单位提前做好保障和相关准备工作。

注：以上时刻均为当地时间。

（单位盖章）

二〇一五年九月二十三日

（此件请销售委员会发至国内外各营销机构）

联系人：×××　　　　联系电话：12345678

范文 2.11 是航空公司一个部门发给其他相关部门的航班计划的函，接收单位比较多，但都与发文单位没有隶属关系，顶格依次排列，可以使用简略称呼的，按照要求使用了规范的名称，一事一函，语言简明扼要，格式规范、完整。在一些航空企业内部，此类业务文件，也常用作《通知》。

范文 2.12

关于转发《关于确认 ××× 任职资格的通知》的函

××× 分公司：

经研究，现将中国民用航空局职称改革工作领导小组文件《关于确认 ××× 任职资格的通知》（民航职改发〔2015〕× 号）转发给你们，请按有关规定办理。

此函。

附件：关于确认 ××× 任职资格的通知

（单位盖章）

二〇一五年七月六日

范文 2.12 是一份标准的函件，一事一函，简明扼要，既具体，又言简意赅。

范文 2.13

关于同意 ××× 工作调动的复函

××× 货运航空有限公司人力资源部：

贵部《关于商调 ××× 分公司 ××× 同志进入 ××× 货航工作的函》（××× 货航人资函〔2015〕×× 号）已收悉，经研究，同意 ××× 分公司 ××× 同志调入你公司工作。调动人员解除与我公司签订的劳动合同，其行政、工资、档案、党团及工会等关系转移至你公司。

此函。

（单位盖章）

二〇一五年八月六日

联系人：××× 联系电话：12345678012

范文 2.13 符合一函一复的要求，答复函件语言简练，既有研究结果，又有处理方案，非常精练、具体。

第六节 会 议 纪 要

一、会议纪要的概念

会议纪要是根据会议记录和会议文件及其他相关材料加工整理而成的，是反映会议基本情况和会议内容精神的纪实性公文。会议纪要可以起到交流经验、传达信息、向上汇报、向下指导工作之用。需要下发执行的会议纪要，可以用通知的形式发出。

二、会议纪要的特点

会议纪要具有如下特点：

1）纪实性。纪要必须忠实反映会议的真实内容，如实概括会议的宗旨和议题议项。不能随意添加、删减，甚至篡改会议内容。

2）概括性。会议纪要不是会议记录，不是一字不差地照搬、照录会议内容，而是要用简练准确的文字对会议内容进行概括，有的会议纪要还要有简洁的分析说理。

3）条理性。会议纪要要对会议的内容进行分类、分项排序，要按照不同类别分别进行概括和归类，做到条理清楚，结构清晰，意思明确。

三、会议纪要的结构

会议纪要通常由标题、正文、落款三部分构成。

1）标题。标题有两种写法：一是“会议名称＋纪要”，如《安全工作会议纪要》；二是“单位名称＋内容＋纪要”，如《××× 国际机场 ××× 年度工作会议纪要》。

2）正文。一般由两部分组成：①会议概况，主要包括会议时间、地点、主题、主持人、与会人员和基本议程；②会议的精神和议定事项，一般包括会议内容、议定事项，有的还可概述议定事项的意义，有些会议纪要往往还要写出经验、做法，对今后工作的意见、措施和要求。

3）落款，即署名和日期。署名用于办公室会议纪要，署上召开会议的领导机关的全称，下面写上成文日期，加盖公章。一般会议纪要不署名，只写成文日期，加盖公章。

四、会议纪要的写法

会议纪要根据会议性质、规模、议题等不同，大致可以有以下几种写法：

1）集中概述法。这种写法是把会议的基本情况用概括叙述的方法进行整体的阐述和说明。这种写法多用于小型会议。

2）分类叙述法。大中型会议一般要采取分类叙述的方法，即把会议的主要内容分成几个部分的问题，分门别类地写。这种写法侧重于横向分析阐述，内容相对全面，问题也说得比较详细。

3）发言提要法。这种写法是把会上具有典型性、代表性的发言加以整理，提炼出内容要点和精神实质，然后按照发言顺序或不同内容，分别加以阐述说明。

五、会议纪要与会议记录的区别

会议纪要有别于会议记录。二者的主要区别如下：

1）性质不同。会议记录是讨论发言的实录，属事务文书；会议纪要只记要点，是法定行政公文。

2）功能不同。会议记录一般不公开，无须传达或传阅，只作为资料存档；会议纪要通常要在一定范围内传达或传阅，要求贯彻执行。

3）写法不同。会议记录要忠实再现发言内容，不能添加，也不能遗漏；会议纪要行文是对会议发言的概括和提炼，是经过作者再加工后的文书。

范文 2.14

×××机场货运公司2011年服务工作会会议纪要

（2011年3月16日）

为进一步确保货物运输的安全、快速、优质，提高整体运行服务质量，3月16日，×××机场货运公司（以下简称货站）领导组织各部门召开了2011年服务工作会，现将会议情况形成会议纪要如下：

第一部分 2010年服务工作回顾及2011年服务质量提升方案

一、2010年服务指标完成情况

（一）客户满意率

2010年，货主和客户航空公司的平均满意率为94.5%，高于货站质量目标90%的标准（去年客户平均满意率为90.5%）。

（二）货物运输差错

2010年，共运输货物486 871票，发生货物运输差错19起，差错率为0.03‰，低于货站质量目标0.15‰的标准。（去年为21起差错，差错率为0.07‰。）

（三）投诉

2010年，受理有效投诉两起，有效投诉率为0.02‱，低于货站质量目标1‱的标准。（去年为3起有效投诉，有效投诉率为0.05‱。）

二、2010年服务质量提升点落实情况（见附件）

三、2011年质量目标完成情况（略）

四、2011年服务质量提升方案

（一）增加收运通道，提升安检人员检查技能，提高货物安检效率。（略）

（二）提升货物机坪操作和装卸服务质量。

（三）全面改造进、出港库区，优化货物进、出港流程，修订完善作业指导书。（略）

（四）简化提货手续，方便货主提货：将常货主提货所需的长期介绍信做成电子版，纸质介绍信原来需要很长时间才能翻到，而电子版介绍信只需要几秒钟就能在计算机中查到，缩短提货时间。（略）

第二部分 面临的形势和工作要求（略）

第三部分 2011年服务工作研讨（略）

附件：2010年服务质量提升点落实情况

参会人员：（略）

记录人：×××

发：国内出港部、国内进港部、生产保障部、国际部、值班调度室、综合办公室、安全保卫部

×××航空公司货运站服务有限公司市场业务部 2011年3月21日印发

这是一份年度工作会会议纪要，内容丰富，涉及工作面广，比较复杂。纪要第一段简要说明会议宗旨、会议时间，交代会议的目的。正文是最重要的部分，将会议内容划分成三大部分，分别从“上年度服务工作情况回顾”“本年度服务面临的形势和工作要求”“本年度服务工作研讨”三大方面逐一展开，把会议发言、讨论的情况经过概括、提炼进行归纳。虽然内容繁杂，但是层次清楚，主题明确，中心意思突出。行文格式也很标准，下发部门清晰，对下级部门工作实施，推进工作的持续开展具有重要的指导作用。

思考训练

1. 基础训练。

1）改错：

①《××× 关于 ××× 的请示报告》。

②《××× 关于 ××× 同志任职批复的通知》。

③《××× 关于命名股份级文明单位的申请》。

④《××× 关于开展会计工作标准化技术考核制度的通知》。

⑤《关于加强发布航班公众微信归口管理的报告》。

⑥《关于切实做好接受运输灾民的通知》。

⑦《××× 关于做好春秋季航班运行计划各项准备工作问题的通知》。

⑧《关于召开 ××× 公司第 × 届党员代表大会有关事宜的通知》。

⑨《××× 航运管理所航行通知》。

⑩《关于 ××× 受贿案的调查报告》。

2）解析病句：

① 他所以取得优异的成果，源于他长期进行辛勤劳动。

② 我们要为中国航空现代化打下物质基础和精神准备。

③ 听说陈总工程师病了，同事们立即奔向陈总的宿舍跑去了。

④ 几个《工人日报》的记者，来我公司了解工会活动情况。

⑤ 我们把大礼堂打扫得干净而又整齐。

⑥ 早晨五六点钟，在通往机场的大街两旁已经站满了数万名送行的人群。

⑦ 发展民航业必须走高科技化。

⑧ 早晨的脑子是人一天中最清醒的时候。

⑨ 他的工作很积极，曾经荣获先进生产者。

⑩ 全国劳动模范中青年居多。

⑪ 我知道你病体初愈就来了。

⑫ 以上意见，如有不当，请即批转有关单位执行。

⑬ 全国人民正在掀起四个现代化的高潮。

⑭ 我们应该努力地完成一切人民交给我们的任务。

⑮ 虽然我们已经改革了好几项规章制度，但至今还有一些规章制度不合理，需要改革。

3）在空白处填写恰当的文种:

① ××× 航空公司向各分公司转发民航局的通知用________。

② ××× 销售代理人向某银行申请贷款 200 万元用________。

③ 传达民航局记录检查委员会年终对各航空公司高层干部的审查情况用________。

④ 某单位向上级机关汇报工作开展情况用________。

⑤ 省政府答复某市增拨城市建设经费的请示用________。

⑥ 单位奖励做出工作突出的职工用________。

⑦ 航空公司答复旅客航班取消后的补偿用________。

⑧ 某机场向某航空公司商量调动某工作人员事宜用________。

⑨ 机场对违反规章制度，导致航班超载的工作人员警告处分用________。

⑩ 某单位向上级部门申请产品推荐会活动举办用________。

2. 根据提供的材料，撰写公文。

1）航空安全委员会（航安委）发出关于严禁违反航空运输规定，严禁“捎买带”违规行为的公文。拟制一份公文的标题和开头。

2）某机场修缮办公大楼，需要向主管部门行文申请所需经费。请代为拟文。

3）××× 大学航空学院 ××× 系 ××× 专业 ××× 学生擅自离校二周，违反校规校纪，被处予警告处分，告示全校。

4）某公司工会向所属各部门发出开展 2016 年拥军优属活动的文件，请代起草公文。

5）××× 航空公司向所属各分公司、飞行部、乘务部、维修基地、地面服务部、销售部、运管部、飞技部发出《公司关于做好三季度股份公司服务风险防控的通知》（股份安〔2013〕108 号）。拟写这份文件的标题和开头。

3. 修改病文。

病文 1

关于邀请 ××× 院长、××× 书记参加“模拟客舱服务培训”开幕仪式并致辞的请示报告

院长办公室、党委办公室并呈 ××× 院长、××× 书记：

根据“院长办公会议决议”，我院成立了专门的“模拟客舱服务培训”领导小组，在院领导的指导和领导小组的努力下，该项工作已准备就绪。将于三月二日举行开幕仪式，届时想请 ××× 院长、××× 书记参加仪式并致辞，请院长办公室提供方便。热切盼望 ××× 院长、××× 书记的到来！　　此致 敬礼！

附件 1：讲话稿

附件 2：议程表

空中乘务系

二〇〇〇年二月二十五日

病文 2

关于办理商标注册问题的批复

《关于办理商标注册问题的请示》收悉，我部大致同意关于办理商标变更、转让或者续展注册时不再附送原商标注册证的意见，但考虑到这一问题涉及《中华人民共和国商标法实施细则》的修改，特批复如下，盼遵照执行。

……

本批复第一项、第四项由你局在 2009 年 6 月 25 日前发布。第二项、第三项由你局在二〇〇九年十月十日前发布。

商务部

2009 年 6 月 20 日制发

病文 3

××× 航空公司山东分公司：

对你部的多次请示，经研究作答复如下：

其一，原则同意批准你们建立蓬莱营业部，负责本部的客、货运运输工作。你部应尽快使蓬莱营业部开始营业。

其二，你部提出试行“关于违反销售产品管理规定的处罚办法”最好不执行，因为这个办法与上级有关文件精神相违背。

其三，对你部提出要建一俱乐部活跃职工文化生活一事，予以批准，但规模和成本要适当控制，做到量力而行。

其四，同意你部组团参加在珠海举办的航空会展和在会展上进行冬春航班促销活动。

×××航空股份有限公司 2013 年 × 月 × 日

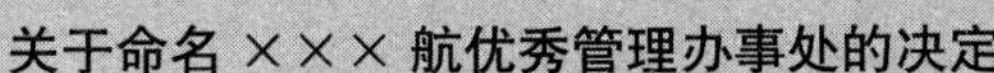

关于命名×××航优秀管理办事处的决定

〔2013〕×航发 103 号

为了加强销售管理，规范经营行为，维护企业形象，在 2012 年公司首批命名优秀管理单位的基础上（×航发〔2012〕93 号），今年经公司与管理局对首批命名的办事处进行了重审，公司决定命名公司驻希腊办事处等 12 个单位为公司优秀管理办事处（见附件一），并继续确认首批命名的 12 家企业中的 5 家为公司优秀管理单位。

希望被命名的单位总结经验，发扬成绩，更好地组织生产经营，不断提高和完善自身的管理水平……为公司的效益持续、快速、健康发展做出更大贡献。

附件：公司优秀管理办事处名单（略）

二〇一三年十月十四日

4. 写作练习。

1）将下面通讯改为通报。

GS7554 机组 临危不惧 成功处置劫机歹徒

民航局授予“6·29”机组“中国民航反劫机英雄机组”称号

新华社北京 6 月 30 日电（记者钱春弦）记者 29 日晚从中国民用航空局获悉，中

国民用航空局研究决定授予“6·29”反劫机机组“中国民航反劫机英雄机组”荣誉称号并通令嘉奖。

2012年6月29日，天津航空公司GS7554航班机组执行新疆和田到乌鲁木齐飞行任务时，遭遇6名歹徒暴力劫机，机组人员在旅客协助下成功制服歹徒。中国民用航空局的嘉奖令指出，在事件处置过程中，机组临危不惧、果断处置，2名安全员、2名乘务员光荣负伤；飞行人员沉着冷静、妥善应对，驾驶飞机安全返航。多名旅客见义勇为，挺身而出，体现了公民的正义感和责任感。他们在危急时刻发挥了关键作用，为维护国家安全和人民群众生命财产安全做出了突出贡献。

中国民用航空局研究决定，授予该机组“中国民航反劫机英雄机组”荣誉称号，对英勇搏斗并光荣负伤的机组成员给予记功表彰，对积极协助处置的旅客表示感谢和慰问，并给予奖励表彰。

2）根据下列几组材料撰写一份会议纪要。

会议地址：×××机场集团公司办公楼8楼会议室。

会议时间：2014年4月21日。

会议主持人：集团公司副总经理。

会议内容：加强地面交通安全风险防控。具体如下：

夏季是运输生产旺季，随着气温逐渐升高，是车辆自燃和爆胎事故的高发时节，同时由于雨、雷电天气的增多，也给车辆安全运行带来不利影响。因此，要切实做好夏季高温、雷雨天气地面交通安全工作。

要做好雨天安全行车防范措施，要具体做到以下几方面：①行车前加强车辆检查。②行车过程要注意控制速度。③行车要尽量减少超车，并尽量绕开积水较多的路面。④行经坑洼积水路面，要使用低挡保持匀速，在通过积水路面前，须目测积水深度是否淹没轮胎60%以上，避免发动机进水。若已经进入积水过深路段，要选择低挡通过，同时平稳控制油门，匀速行驶，避免熄火。如果车辆熄火，不要启动车辆，应下车将车辆推出积水路段，否则会造成发动机损害。⑤正确使用灯光，让自己和对方都能看清，避免低能见度情况下车辆事故发生。

汽车打滑应对措施：①汽车打滑，一定要沉着冷静，遵循“后同前不同”的法则。②前轮侧滑，将方向朝侧滑的相反方向纠正；后轮侧滑，则将方向朝侧滑的相同方向

纠正，可以有效降低事故率。

要避免汽车自燃，做好定期保养，确保汽车的油水电气正常工作，特别是做好电线、油箱等重要部件的保养。夏季车内温度较高，不要在车内放置香水、可乐、汽油、打火机等易燃易爆物品。高速运转后的发动机温度很高，为保证充分散热，尽量不要将车辆（特别是老旧车辆）放置在阳光下暴晒，容易造成车内电线燃烧。每车配备至少一个灭火器。如果能在汽车自燃初期及时有效地进行处置，则能在很大程度上减少损失。

雷电天气安全行车防范措施：不要使用电话、收音机和音响等电器设备，避免雷击情况发生。

汽车爆胎应对措施要做到以下几个方面：①如果发生爆胎事故，要尽量保持冷静，切记不能急打方向、急踩刹车，否则会酿成侧翻等严重事故。②如果汽车行驶中发生爆胎，势必会导致车辆跑偏，车速越快跑偏越严重，这时一定要双手紧紧握住方向盘，稳定好车的方向，避免与后方的车辆发生碰撞。③行驶中的车辆爆胎后要尽快刹车然后靠边停车，如果车辆移动困难，无法靠边，尽量停在不妨碍行车的地方。④车辆发生爆胎后，只要稳住车辆，就要及时打开四闪灯，提醒后方车辆，避免发生碰撞、刮擦等事故。

第三章　事务文书

第一节　事务文书概述

一、事务文书的含义

事务文书是狭义公文的一种，是党政机关、社会团体、企事业单位、个人用来沟通信息、总结经验、安排指导工作、处理日常事务使用的，是除广义公务文书之外的实用性文书。事务文书的使用频率远远超过公务文书，当事务文书以附件的形式出现在法定公文中时，与法定公文具有同等的制约力。

事务文书的种类如下：

1）计划类，包括计划、安排、方案、设想、规划等。

2）报告类，如调查报告、总结、述职报告等。

3）规章类，包括规章制度、条例、守则等，是为了使工作开展得更好而制定出的制约性措施。

4）信息类，如简报、启事、声明等。

5）会议类，如会议记录、开幕词、闭幕词等。

6）其他类，如合同、广告、邀请函、贺信、贺词等。

二、事务文书的特点

事务文书具有以下特点：

1）作者广泛。事务文书是党政机关、企事业单位和个人使用非常广泛的一种文书，它不像公务文书那样具有严格的法定作者，它的作者可以是机关部门，也可以是部门某人，还可以是各行各业的群众，因此事务文书具有广泛的写作群体。

2）行文自由。事务文书行文比较自由，不像法定公文有严格的规定和要求，既可以越级行文，如简报，可以上报，也可以平送和下发，还可以向社会公开，如调查报告、经验总结等。

3）格式灵活。事务文书没有统一的文本格式要求，一般按照不同文种的特点和约定俗成的格式行文，比较灵活自由。事务文书不能单独作为文件发文，需要发文时只能以公文的附件形式行文。

三、事务文书的作用

事务文书具有以下作用：

1）宣传教育作用。事务文书通过介绍经验、分析形势、表彰先进或揭露弊端，达到传送方针政策，起到向人们宣传教育，使人民群众统一思想认识，提高思想水平，提高工作热情的作用。

2）信息沟通和工作指导作用。事务文书是沟通机关、企事业单位之间，以及个人与机构之间的桥梁和纽带，因此它具有广阔的沟通交流作用；同时，在管理与被管理、上下级之间，又存在着指导、制约的关系。前者如简报与调查报告等；后者如计划与规章制度等。

3）资料积累和提供作用。很多工作的开展，需要人们积累有关资料，通过计划、总结、调查报告、简报等文种，集中、详尽地反映情况，说明问题，因此这些事务文书的使用起到了提供和收集资料的作用。

四、事务文书的写作要求

事务文书按其分类各有其具体的写作要求，但无论写作哪一类文书，都必须遵循共同的写作标准：

1）要充分掌握材料，只有拥有大量丰富的材料，才能增加材料的可选性，提高选取材料的有效。在材料的选择上要注意选取历史背景材料、现实典型材料、过程性材料（时间、地点、人物、原因、结果等）、评价性材料。

2）事务文书是解决实际问题的写作，所采用的材料必须真实、可信、准确。

3）事务文书写作的立意要具有价值性，提出的问题和观点要具有前瞻性和可预见性，作者的议论和评价要客观、准确、有深度。

第二节　工作计划与工作总结

一、工作计划

（一）工作计划的概念

工作计划是人们对未来一定时间将要实施的工作，提出明确目标，规定具体要求，制定相应措施，做出切实安排的一种文书。计划是一个统称，常见的方案、要点、安排、打算、规划、设想等，都属于计划一类。一般来说，规划、纲要是长远的计划；安排是短期的计划；方案则更加具体，可操作性较强；打算和设想则属于非正式、比较粗线条的计划。

在日常工作中，可根据具体情况为设定的计划确立名称。

（二）工作计划的特点

工作计划具有以下特点：

1）目标性。写计划前要对全局性的各项工作做全盘的安排和考虑，要做到统筹兼顾，防止顾此失彼，因此计划必须要有明确的目标性。目标是计划的核心，计划的全部内容要紧紧围绕目标展开，为既定的目标谋划策略和制定实施步骤、落实具体的措施或方案。

2）预见性。计划是事先对活动所做的安排与打算，计划的制订要尽可能长远，并要尽量具体，保证落到实处，并要对可能出现的困难、问题等，提出切实有效的应对措施和方案。这样，才能确保计划得以顺利实施，实现预定目标。

3）规范性。计划可以有多种不同的写法，但无论哪种写法都必须具备写作三要素：任务目标、措施方案和完成的时间，即做什么、怎么做、何时开始与何时完成。

（三）工作计划的种类

工作计划按性质划分，可分为综合性计划和专题性计划；按范围划分，可分为国家计划、系统计划、单位计划、个人计划等；按时间划分，可分为长期计划、中期计划、短期计划；按形式划分，可分为条文式计划、表格式计划、条文加表格式计划等。

（四）工作计划的结构

一般说来，工作计划应包括标题、正文、署名和日期三个部分。

1. 标题

标题可以由单位名称、时限、事由、文种组成，也可以仅由事由和文种组成。例如，《××× 公司 2016 年新开航线开发计划》是前一种，而《市场部国际产品推广计划》则属于后一种。有的计划采用公文形式标题，如《××× 航空公司关于夏季航班调整工作的计划》。如果所订的计划还不够成熟，需试行一段时间，待征求意见后再进行修改后定稿，或者还需要经过法定的会议讨论通过，可在标题后或下加上“初稿”“草案”等字样，并加上括号，如《××× 航空公司规划发展部二〇一五年工作计划（草案)》。

2. 正文

正文是工作计划的主体部分，这部分内容通常包括前言、主体内容、结尾。

（1）前言

前言应简明扼要，写明制订工作计划的指导思想和依据，或背景材料（如面临的形势等）。不同的计划，可根据需要在内容上有所侧重和取舍，也可将计划的总目标和总任务在这部分体现，如用“为此，×××× 年（或第 × 季度）的工作将要从以下几个方面着手考虑”或“因此，×××× 年要做以下工作”等句式来领起下文。

（2）主体内容

主体内容包括目标步骤和措施方案，这部分是工作计划的核心内容。计划要明确在一定期限内必须要完成哪些任务，实现什么目标，做哪些事，对数量和质量的具体要求等；先做什么，后做什么，每一步工作在什么时间实施，达到何种程度，完成时间；如何调配、布局各种资源；各阶段各单位如何配合、衔接等，使计划执行者能够一目了然，清楚做什么，怎么做，何时完成。总之，这部分要按照“做什么—怎么做—如何做，何时做完”的顺序来安排结构内容，只有这样才能简明、全面、清楚地制订好计划。在安排正文写作结构时，要确定目标步骤和实施方案，一般分成两个层次分别说明。

（3）结尾

工作计划结尾部分是否写结语，可以根据计划的具体情况而定，有的计划不写结语，计划事项写完后自然结束。

3．署名和日期

工作计划的结尾要落款，即写明制订人名称（单位或个人）与制订日期两项内容。标题中已标明单位名称的，结尾不再署名。

（五）工作计划的写作要求

工作计划的写作要求如下:

1）从实际出发，量力而行。

2）内容要切合实际，尽量具体，表达要简明准确，有条有理。

3）既要具备一定的挑战性，又要注意实事求是，对目标的制定，应避免因过高无法实现，也不能过低而导致缺乏实现的积极性。

范文 3.1

×××航空公司市场发展中心2015年纪检监察工作计划

一、贯彻落实党的十八届三中全会精神和十八届中央纪委三次全会精神，加强惩防体系建设。

一是严格落实党风廉政责任制，制定并下发《2015年度发展中心党风廉政建设责任分工方案》，与各党（总）支部书记签订《党风廉政建设责任书》，中心党委履行党风廉政建设主体责任，中心纪委承担监督责任。二是进一步健全和完善中心“三重一大”集体决策制度和议事程序，严格开展“三重一大”集体决策制度执行情况的效能监察工作，强化领导班子决策程序，防范和规避决策风险。三是加强重点领域的监督检查。做好物资采购、广告投标、人员招聘等工作的过程监督，重点做好对干部考核选拔任用的过程监督。

二、严明纪律，强化作风建设，认真贯彻落实“八项规定”。

一是严明党的纪律，扎实推进作风建设。中心纪委将依照党的章程和其他党内法规，加强对遵守党章和政治纪律执行情况的监督检查。强化对领导干部特别是主要领导干部的监督，反对特权思想和作风，抓好领导干部报告个人事项等有关制度的督促落实。二是严格执行规范职务消费的各项规定，严禁各单位将履行工作职责之外的费用列入职务消费，中心纪委将适时开展抽查核实工作。三是履行对中心各单位贯彻落实中央“八项规定”的监督职责。中心纪委将深入落实中央“八项规定”精神，强化纪律建设，持之以恒纠正“四风”，坚决落实厉行节约反对浪费条例，严禁用公款互相宴请、赠送节礼、违规消费，严肃查处党员领导干部到私人会所活动、变相公款旅游问题。注重研究贯彻落实“八项规定”情况中出现的新情况、新问题，针对存在的薄弱环节，完善相关制度，加强经常性特别是节假日期间的监督、检查。对顶风违纪的，将从严惩处，进行责任追究。

三、加强反腐倡廉宣传教育，持续推进廉洁文化体系建设。

一是通过现场警示教育、专家讲座、内部专项培训等形式，不断夯实反腐倡廉的思想道德防线和党纪国法防线。2015 年，中心纪委将扩大警示教育范围，组织重要岗位员工，如涉及航班座位资源分配、物资采购等岗位员工参加现场警示教育。二是组织领导干部学习反腐倡廉文件、会议精神，观看廉政教育光碟，落实党委中心组反腐倡廉专题学习要求。中心党委中心组开展反腐倡廉专题学习每年不少于三次，党政主要负责人要带头讲反腐倡廉党课或做专题报告。三是认真开展新任职领导人员廉洁谈话工作，及时掌握新任职领导人员的思想状况，规范谈话内容，结合岗位特点，有针对性地提出廉洁从业方面的要求。建立健全廉政档案，明确记录廉洁从业的具体情况，为干部选拔任用提供重要的参考和依据。四是继续开展廉洁文化体系建设工作。及时更新并完善“廉洁从业资料库”，充分运用“廉洁文化图书角”，积极向各单位推荐优秀的廉政图书。五是根据上级纪委要求，安排部署 2015 年度反腐倡廉宣传稿件任务，在中心网站及时发布、更新纪检监察工作动态及相关法规、制度资料。

四、持续开展并完善廉洁风险防控管理以及内控检查工作。

一是按照上级纪委的要求，持续推进廉洁风险防控管理工作。将廉洁风险防控管理责任落实到各单位的管理责权中，形成有效的监督制约机制。2015 年，中心纪委将更新和完善《发展中心廉洁风险防控手册》（以下简称《防控手册》），并要求各单位按照《防控手册》严格执行。二是中心将持续推进对辖区 14 家单位内控检查工作，进一步完善内控检查制度，对发现的问题及时整改。

五、做好信访举报工作，坚决查处违纪违法案件。

一是继续畅通和规范电话、信件、网络等多种举报渠道；二是认真落实信访举报

及案件管理工作规定，严格审查和处置党员干部违反党纪政纪、涉嫌违法的行为，坚持以零容忍态度惩治腐败；三是规范信访举报、案件调查的办理程序，加强环节控制，注重工作实效，持续提高信访举报和查办案件的工作水平和工作效率。

六、加强纪检监察队伍建设，提高纪检监察工作水平。

一是严格要求、严格监督、严格管理中心的纪检监察人员，强化纪检监察队伍自我监督力度，自觉接受党组织、职工群众的监督；二是积极参加内外部多种形式的纪检监察业务培训，做好对辖区各单位的工作指导。

附件：纪检监察工作实施表

二〇一五年二月十日

范文 3.1 是一份年度工作计划，列举了具体需要完成的任务目标，但是没有写明完成目标的时间。此份计划还另附一份《纪检监察工作实施表》，是对这份计划的补充，详细具体地表明了每一项工作目标的完成期限和时间进度。

2015 年安全教育计划

执行部门	时间安排	教育内容	节前安全教育
资源规划部各项目	1 月	空防安全教育	
	2 月	空防安全教育	春节
	3 月	综治教育及应急培训	
	4 月	专题法制教育	清明节
	5 月	空防安全教育	劳动节
	6 月	空防安全教育、消防培训	端午节
	7 月	大楼防火逃生应急疏散演练	
	8 月	空防安全教育	
	9 月	防火专题教育、防火培训	中秋节
	10 月	专题法制教育	国庆节
	11 月	空防安全教育	
	12 月	空防安全教育	元旦

备注:

资源规划部安全领导管理小组

二〇一五年一月五日

范文 3.2 是表格式的工作计划，利用表格形式把单位某一方面的工作在全年的实施计划按照时间顺序分别列出。该计划有具体执行部门、需要实施的工作目标、实施时间段，简约、清楚。

范文 3.3

某航空公司航线管理员工作要点

序号	工作项目或内容	工作摘要	具体工作内容简述
1	座位资源配置管理	分解航线收入指标	对下发的预算指标分月进行分析，掌握同环比变化情况
		制定月预案	预测客座率、客收入、航线收入
		制订月度开舱计划	根据各预算指标、市场情况、运力状况、历史数据对所管航线航班进行趋势预测，制订航班开舱计划，包括近期、远期舱位和数量，特殊产品舱位价格
2	航线预测和分析	预测月内航线趋势	分析航线趋势，找出流量高点和低谷时间段，对问题航班进行预警，做出相关措施调整
		经营结果分析	对日、周、月报经营结果分析，查找问题及制定落实改善措施
		边际航线分析	对边际贡献报表进行分析，制定改进措施
3	收益优化	航班调整	对航班进行调整，监控航线市场份额及竞争对比情况，同时制作监控表
		航班优化	对航班进行舱位监控，监控各航线市场份额和竞争对比情况，同时制作调整建议
		航班清理	清理航班订座
		违规处理	处理违规订座
4	设定散团比例	确定团队比例	分析历史团队数据，完成未来 1 个月的团队比例表
		分配计划团队	与销售部门对次月团队计划进行确认，对团队订座进行分配
		处理团队申请	处理座位申请确认、清理团队等事宜
		联程需求调查	就联程需求向各营业部征求意见
5	航班超订及不正常航班管理	超售	对超售航班进行监控和调整，将超售情况填入统计表中
		不正常航班监控	调整维护不正常航班的数据；监控不正常航班情况，及时与运力及现场进行信息传递
		改签确认	确认不正常航班旅客签转座位
		常客和公务票确认	确认座位
6	制定清理规则及处理	餐食及国际团队清理	每月轮流处理，每日处理餐食及始发国际航班团队
7	建立并维护航线经营数据库	舱位价格的数据维护	对产品舱位价格进行监控，进行数据维护
		建立档案资料	建立和维护航线档案

续表

序号	工作项目或内容	工作摘要	具体工作内容简述
8	内外部沟通	各销售部门	与各地销售单位进行市场情况、团队情况、协调方案、协调情况、销售政策、产品投放情况等方面的沟通
		地服现场	传递航班不正常信息、超售信息，了解现场情况
		运力	运力调整建议
		外航	
9	其他	制作、复核单	

范文 3.3 是航空公司航线管理员的日常工作计划，这份计划非常详细，有工作目标、具体工作内容、完成时间，还有具体要求，即做什么、怎么做、做到什么程度，非常具体和详细。

范文 3.4

××× 航空公司销售部售票处下季度工作要点

（一）完成新员工上岗资质评估，做好新上岗员工业务和服务质量跟踪，帮助其尽快成长。

（二）配合销售部做好国庆员工慰问工作。

（三）组织开展班组长培训、班组风采展示、班组走访交流座谈活动。

（四）开展岗位竞赛活动总结工作，表扬先进，树立典型，营造积极进取氛围。

（五）开展“书香物语”作品评选工作及座谈交流会。

（六）推进“花样年华”主题集体生日会活动的开展。

（七）组织开展与售票处青年文明号经验交流工作。

（八）完成总支（支部）书记绩效合约回顾。

（九）做好 2015 年度总结及 2016 年度工作计划等各项工作。

（十）做好安全生产月各项组织工作及安全检查工作。

（十一）旺季来临，天气异常，加班较多，做好职工关爱，及时解决职工关注的热点难点问题。

（十二）加强各级干部员工廉洁从业意识教育，守住道德底线，按章按规操作，落实岗位纪律手册。

二〇一五年十月九日

范文3.4是工作计划的另一种形式——要点式。要点，是对工作计划的主要内容的摘要，写法比较概要，对如何实施不做具体要求，在结构方式上大多采用并列式。

二、工作总结

（一）工作总结概述

工作总结是党政机关、企事业单位、部门或个人对前一阶段工作学习情况进行回顾分析、反思研究、评价成绩、找出问题、归纳经验教训，为指导将来的工作而写的应用文书。总结是人们把对事物的感性认识上升到理性层面的提高，通过总结，可以更加深刻、全面地认识过去，以便更好地指导将来工作的顺利推进。

1. 工作总结的主要分类

工作总结按性质分类，可以分为工作情况总结、思想总结等；按时间分类，可以分为年度总结、季度总结、月份总结、阶段总结等；按范围分类，可以分为部门总结、专题总结、个人总结等。

2. 工作总结的特点

工作总结具有如下特点：

1）真实客观。总结是对人们客观实践活动的真实反映，它要求内容必须真实可靠，绝不允许凭空编造和添加非真实的材料。客观事实是形成总结的基础，总结是必须以实践活动为依据进行的提炼。因此，客观真实是总结写作的首要特性。

2）有指导意义。总结是单位和个人对自身实践活动的正确评价，意在分析情况，归纳成绩，发现问题，提高认识，重在对未来工作进行有针对性的帮助和指导，因此其指导意义非常明显。

3）针对性强。总结必须是对单位内部和个人自身的认识，针对性是其另一个显著特征。总结不是对自身以外的工作，对他人的工作进行评论和回顾，只有对本部门和本人的工作进行回顾和检查，才能总结出自身工作的特点，提取经验教训，形成对将来实践活动有针对性的指导意见。所以，针对性是总结的一大特点。

常见的工作总结一般有以下三种：

1）综合总结。综合总结又称为全面总结，是单位或部门对某一时期工作的总体回顾和研究。这类总结涉及内容广泛，分析成绩和问题深刻、透彻。但综合总结不是面面俱到，而要注意点面的结合，分清主次，如《×××部2013年工作总结》。

2）专题总结。专题总结是对工作中某一方面进行的总结，注重选取工作中的突出成绩或典型教训进行分析，具有针对性强、指导性强的特点，如《网络收益部春季航线收益效果分析总结》。

3）个人总结。个人总结是对个人在某一时期或某一方面工作情况的正确评价，如

《××× 参加华南地区销售培训阶段性总结》。

（二）工作总结的结构

工作总结的结构一般是“标题＋正文＋落款”。

1. 标题

1）四项式标题。这类标题即“名称＋时间＋事由＋文种”结构，如《航材公司设备部2013 年工作总结》。

2）文章式标题。这类标题中没有注明“总结”，常常还加有副标题，如《勇于开拓，再创新天地——××× 部 2014 年工作总结》。

2. 正文

1）开头。总结的开头应简明扼要，紧扣主题，概述基本情况，点明主旨，为全文的展开做好铺垫。

2）主体。总结的主体是文章最重要的部分，主要分三个部分：成绩和经验、问题和教训、今后的工作设想和努力方向。

① 成绩和经验。这一部分主要是对主要工作的全面回顾，归纳取得的成绩，对获得成功的经验进行详尽的分析和归纳，要在分析研究中，找出规律性的东西，提炼出理论观点。经验和体会是总结的重点，在篇中占据了主导地位，要写好这部分内容，一定要保证材料的丰富、翔实，并要把握好主次，在结构上注意脉络清晰、层次分明，这样才能给读者留下深刻的印象。

② 问题和教训。总结的写作，既要总结成绩、经验，也要找出存在的问题和教训。对待问题和教训要遵循实事求是的原则，有一说一，不回避，不掩盖，分析要透彻，才能吸取经验教训，完善工作措施，使将来的工作做得更好。

③ 今后的工作设想和努力方向。在总结经验教训的基础上，针对工作中存在的问题，对今后的工作提出切实有效的改进措施、工作打算及努力的方向，或者提出新的奋斗目标。

3. 落款

工作总结的落款包括署名和日期。标题中已标明，或标题下已署名，结尾则可不写。

（三）工作总结的写作方式

1）纵向式。纵向式就是按照工作实践活动的过程安排写作内容，即按照事件顺序分别叙述每个阶段的工作成绩、做法、经验、体会。按照工作展开的程序和步骤，分段说明工作情况，总结经验教训。这种写法的好处是工作开展或社会活动的全过程清楚明白。

2）横向式。按工作性质的不同，分门别类地依次展开不同的工作内容，各项工作之间呈现相互并列态势。这种写法的优点是各层次的内容鲜明集中。

3）纵横式。写作时，既按照时间的先后顺序体现事物的发展过程，又考虑内容的逻辑关系，从几个方面总结经验教训。这种写法，多数是先采用纵向式，写事物发展的各个阶段的情况或问题，然后采用横向式总结经验或教训。

（四）工作总结的写作要求

1）叙论结合。工作总结不是简单罗列事例，而是既要有叙述，还要有议论，这是总结常用的写作方法。通过叙述，对过去工作情况进行回顾，呈现出工作的总体状况，同时在叙述的基础上，把从工作中获得的认识、体会再提炼出具有指导意义的理论。议论是分析和论证的过程，在回顾和说明工作时，以叙述为主；在分析与论证时，以议论为主，夹叙夹议的写法能够使文章富有层次，值得回味。

2）实事求是。工作总结不论是写成绩还是写缺点，都必须遵循实事求是的原则，既不能夸大成绩，也不能缩小和回避缺点，更不能弄虚作假。要实事求是地叙述工作的真实全貌，一分为二地分析工作中发现和发生情况的内部联系，寻求、归纳其规律性，只有这样总结出的理论才具有指导作用。

3）条理清晰。工作总结的写作，要注意条理清楚，对材料取舍要做到去粗取精，布局安排要详略得当、主次分明、合理有序，行文的着墨浓淡要合适，否则一份条理不清、结构混乱的总结，会让人感到摸不到头脑，不知所云，根本无法起到总结经验教训、指导工作的作用。

范文 3.5

某航空公司销售部 2011 年工作总结及 2012 年工作计划

目　录

这是某航空公司销售部门的年终总结目录，因为总结的内容庞杂，篇幅巨大，因此采用了这种书页式的方法。从目录中可以看到，虽然全文鸿篇巨制，但是依然是遵循总结写作的基本结构：成绩回顾—存在不足—努力方向（明年计划）。企事业单位生产部门的总结一般在最前面位置，即第一部分列出各项生产指标的完成情况。

范文 3.6

×××机场集团公司市场部2010年工作总结

第一部分　全年工作总结

一、指标完成情况

（一）市场部KPI。

绩效指标（KPI）	权重	计量单位	T2目标	实际完成	完成进度	考核得分
客运始发贡献收入	1%	万元	300 000	30 000	101%	10
客运始发贡献收入	20%	万元	300 000	30 000	10%	10
两舱贡献收入	10%	万元	350 000	310 000	89%	8.9
航系指标（深航）	5%	分	100	98	98%	4.9
服务质量综合评价	20%	分	89/95			
常旅客乘机占比	10%	万元				
合计	100%	—	—	—		

（二）常旅客KPI。（略）

2010年，市场部根据公司整体工作安排，确定了体系建设、客运规章、服务质量检查、常旅客特征研究、营销组合产品及相关流程梳理、产品推广等九项重点工作，在中心领导的指导和中心各单位的配合下，充分发挥团队效能，较好地完成了部门承担的各项工作。现总结如下：

二、市场部重点工作的推进情况

（一）持续推进体系建设，确保CSM执行落地。

为持续深化公司服务管理体系的建设，按照公司CSM体系建设总体要求，确保公司CSM文件在中心层面得到有效支撑和全面落地，按照中心对体系建设工作的整体安排，自2010年4～11月市场部牵头推进“2010年质量体系建设项目”——中心《工作手册》编撰工作。项目继续与中国检验认证集团有限公司合作，通过专业认证机构的指导和技术支持，完成内部诊断策划、文件编制、文件颁布并试运行、内部评审、效果验证等活动，确保项目整体运行的统一规范。

截至10月底，在公司各部门的通力配合下，质量项目牵头质量体系建设项目组已完成中心《工作手册》初稿编撰工作。编制《工作手册》是今年年初制定的重点工作之一，工作在推进过程中，得到各个部门的大力支持，开展比较顺利，截至10月31日，质量体系建设项目组按照时间进度安排，已完成《工作手册》核心业务流程图及流程工作说明编写工作，共计完善核心业务流程25个、支持性流程18个、管理流程8个。目前，已收到中检认证集团提供的评审报告。在11月的手册试运行阶段工作中，项目组将按照指导老师意见及建议继续对手册初稿进行持续完善，直至12月手册正式颁布。

（二）配合总部落实旅客界面客运规章修订。（略）

（三）提高服务检查质量和效率。（略）

1）制定中心服务绩效管理考核机制。（略）

2）大力推动中心服务质量监督。（略）

3）搭建内部沟通交流平台，促进服务工作提升。（略）

4）加强对外协调工作。（略）

（四）常旅客客户特征研究。（略）

（五）提升区域产品服务管理能力及对渠道的管控能力，实现多产品联合营销和加强渠道管理。（略）

（六）强化产品推广和市场研究，推进销售力的提升。（略）

三、工作中存在的问题与不足

1．市场营销分析工具因费用问题可能导致停用，对数据挖掘能力会造成较大影响。2010年在与凯亚的合同谈判中，数据分析系统维护费用缺口较大，估计会对2011年的合作带来严重影响，将会严重影响中心对数据挖掘能力的提升。

2．营销组合产品开发方面，产品开发的计划执行性较差，对产品使用的监控和及时调整有待进一步提升。

3．宣传推广的策划能力和对新媒体营销手段的应用水平还有待提高。需进一步加强对公司宣传推广工作的统筹能力。

4．常旅客维护费用使用进度落后于年度计划，其原因除了通过公司办公会的时间推迟之外，同时存在制订预算使用计划时对会员的需求及时间安排考虑不周、会员活动方案实施时间仓促、准备过程不足等问题。

5．2010年1～9月，公司各单位距离集团下达的常旅客任务指标尚有较大的差距，说明还缺少会员营销的有效方式，特别是在产品营销及会员发展方面。

6．今年，公司的服务考核从定性转向定量，对公司的服务工作起到一定的促进和提升作用，但是在具体执行过程中，考核指标的划定过于宽松，检查项目过于细化等，在一定程度上影响了服务工作。

第二部分　2011年工作计划

2011年，市场部将继续推进重点工作的实施，以提升质量管理、产品营销、会员营销为核心，落实总部和中心的生产部署，结合本部门工作特点，做好以下具体工作：

（略）

二〇一四年一月二十日

范文3.6是一篇内容丰富，涉及的方面和项目非常庞杂的年度工作总结。第一部分将全年的生产指标完成情况用图表的形式呈现，非常详细，一目了然，这种写法在有生产指标任务的单位经常被采用。

第二部分的第一段，提纲挈领，概述全年各项重点工作完成情况，并为下文展开说明做铺垫。在阐述工作完成情况时，按照项目进行排序，详细说明工作实施项目名称、具体内容、完成进度、负责单位、工作完成后的检测结果等，叙述清楚，条理清晰，数据准确、全面、翔实，工作情况非常清晰。在“问题与不足”部分，对工作运作中遇到的问题做出详细的说明，对由此可能带来的影响和后果、影响的程度、需要投入多大的人力和物力等，在提供充足依据的前提下，做出客观的推断和预测；对于工作中的不足进行了检讨和细致分析，找出工作中还没有做到位的原因。这一部分的分析全面、深刻，也为最后一部分的“工作计划”草拟做好铺垫，奠定基础。

工作计划部分根据全年工作完成情况，围绕新一年的工作指导方针和重点项目的实施进行，概述每一项重要工作项目的大体方案和工作步骤。全篇详略得当，主次分明，事例翔实，数据充分，结构规范，层次分明。

三、工作总结与工作报告的区别

工作总结和工作报告都是日常工作中经常使用的应用文种，是两种不同的文体，在具体应用过程中要注意分清，不能将二者相互混淆。

1. 文种不同

工作总结与工作报告虽都属于应用文，但总结是事务文，而工作报告属于公务文的一种，二者在使用范畴、行文规范和用语要求上有明显的差异。在使用范畴方面，总结比工作报告使用范围广泛。总结是单位、部门或个人对已经开展或进行中的实践活动进行回顾、检查、分析和研究，并从中找出经验教训和规律性的认识，从而指导今后工作而写成的应用文。它既适用于单位与部门，又适用于个人；工作报告是指向上级机关汇报本单位、本部门工作中的情况、经验及问题的公务上行文，工作报告多在汇报例行工作或具体工作情况时使用，属于公文报告的一种，只适用于机关、团体或企事业单位。

2. 行文规范不同

在行文要求上，工作总结要比工作报告宽松，工作总结的标题可使用公文式格式标题，如《关于×××的总结》，也可使用文章式标题，如《发展壮大中的×××》，还可以使用具有新闻特色的双标题，如《优化管理，完善措施，狠抓落实——×××工作总结》。而工作报告则使用标准的公文标题，即《×××（单位名称）关于×××（事项）工作的报告》。

3. 用语要求不同

工作总结作为一般应用文其语言简明扼要即可，而工作报告作为上行公文的一种，其用语除了简明扼要外，还需兼备所有公文用语严谨、庄重及上行文谦恭的特点。另外，工作总结没有专属的文种结束语，比较自由，而工作报告则常以“特此报告”“此报告”“以上报告，请审阅”等作为结束语。

第三节 述职报告

一、述职报告的概念

述职报告是各级机关、企事业单位的领导，向所在单位的上级领导或本单位职工群众，陈述自己在履行岗位职责期间的工作情况而写成的书面报告。写好述职报告对于发扬成绩、纠正失误、改进工作和自觉接受上级审议、群众监督，具有重要意义。

二、述职报告的特点

1. 自述性

述职报告是报告的一种形式，它的立足点是以第一人称回顾自己任职期间履行岗位职责情况，对自身履职期内履职情况的回顾、评价和鉴定。

2. 内容限制性

述职报告必须紧紧围绕述职人的岗位职责和考核目标写作，无论是成绩还是缺点，以及打算，在材料选取和叙述手法等方面都不能脱离这个核心，任何与岗位职责无关，或不在职责范围内的工作都不能写在其中。

3. 时限性

述职报告要求报告人对任职期间的工作进行自述，任职期间之外的工作不在此列，因此具有严格的时间限制。一般单位大多要求按照年度述职，也有离开岗位后的述职，称为离职报告。

三、述职报告的种类

按照不同的标准，述职报告可分为不同类型：

1）按时间分，有年度述职报告、任期述职报告、阶段述职报告等。

2）按内容分，有综合性述职报告、专题性述职报告、单项述职报告等。

3）表达形式分，有书面述职报告和口头述职报告。

四、述职报告的结构

1. 标题

述职报告的标题有单标题和双标题两种写法。

1）单标题。一是以文种做标题，如《述职报告》《我的述职报告》。二是由述职者、时间段、职责、文种组成，如《我在2004年担任飞行安全部经理职务期间的述职报告》。

2）双标题。也被称为文章式标题，如《恪尽职守搞活经济——×××2014年度述职报告》。

2. 主送单位

主送单位是指述职报告所要呈送的部门、单位或个人，述职者应根据对象的不同采用不同的称谓，如“某机场集团公司党委”“各位领导，同志们”。

3. 正文

正文由前言、主体、落款三部分组成。

1）前言。

述职报告的前言部分应该用简明扼要的语言，概述述职者的职务、职责，述职人在任职期间履职基本情况和对自己的整体评价。

2）主体。

述职报告的核心部分一般来说包括四个方面的内容：一是任职期间所做的主要工作和取得的主要成绩。二是个人的认识和体会，主要经验、教训。三是存在的问题和不足。四是今后工作的设想、意见和建议，以及对自己任职的评价。

这一部分内容应该是在前言部分的基础上具体展开，是报告的核心内容。由于行业不同和述职者个性特征，述职报告会呈现出不同的写作风格。但无论何种风格，都要按照以上几个方面的内容进行叙写。在写作时要做到主题明确、实事求是、主次分明；要注意选取典型材料、具体事例，进行由此及彼、由表及里的说明和分析。

3）落款。

落款主要包括署名和成文时间。署名要写明述职人的职务和姓名，署名和成文时间要写在正文末右下角。

五、述职报告的写作要求

1．主题明确

述职报告要紧紧围绕岗位职责和工作目标，全面回顾和如实评价自己的工作情况。要抓住核心部分，要注意突出个人在工作中所起的作用，展现主要问题；要做到主次有别，重点突出，不能游离主题，脱离职责范围，更不能写成个人总结。

2．个性突出

述职报告要突出个性，切忌千篇一律，面面俱到。由于述职人岗位不同，职责要求不同，工作方法各异，即便是同一部门、相同级别的干部都可能呈现出各自不同的鲜明个性，述职报告要充分展示出个人的风格特点。

3．评价客观

述职报告必须要立足客观、公正、实事求是的基本原则，谈成绩，不虚夸；摆问题，不回避；既要讲优点，也要摆不足；要客观实在，全面准确。如实陈述履职情况才能有助于上级和群众对自己工作做出全面、准确、客观的评价，帮助自己提高工作能力。

六、述职报告与总结的区别

1．概念不同

总结陈述的范围很宽泛，是对某一阶段工作的系统回顾，从中找出成绩和经验、问题和教训，而述职报告的陈述仅限于职责范围之内的工作，不涉及职责之外的事情。

2．目的不同

总结是有针对性地对工作进行概述，找出规律性的东西进行分析，得出理性的认识，用以帮助克服缺点，纠正失误，指导和提高将来的工作。述职报告是对个人任职期内履职的回顾、评估和鉴定，是上级领导和群众对自己职责履行情况进行评价的重要依据，有利于述职者明确职责，总结经验，改进工作。

3．侧重点不同

总结的写作以叙述工作成绩为重点，系统回顾阶段内的主要工作以及经验的积累，缺点和不足是次要部分；述职报告必须如实反映成绩和缺点，不能只重成绩、对不足轻描淡写，要对履行职责过程中存在的问题做到有一说一，分析原因，深刻说明，真实呈现。

范文 3.7

2014 年述职述廉报告

各位领导、同志们：

2014 年，在党委的领导下，我自觉加强理论学习，不断强化思想教育，深刻领会党的十八大精神精髓，带领本部门全体职工和党员干部，积极贯彻落实党的群众路线教育实践活动，努力完善和加强本部党员干部队伍的党风廉政建设，持续推动本部门各项工作稳步发展，顺利完成和超额完成各项生产任务和指标。现将本人 2014 年度工作情况向领导和同志们述职述廉如下：

一、注重政治学习，不断加强自身修养，提高思想政治素质。

（一）加强思想政治建设。深入学习贯彻党的十八大和十八届三中四中全会精神。作为部门党总支书记，我主动带头学习十八大报告精神和十八届四中全会公报精神，始终坚持自主学习与集中学习相结合、精读文件与专题研讨相结合，在学习中不断提高思考和领悟力，增强贯彻党的基本理论、基本路线、基本纲领的自觉性。按照“学习、团结、勤政、廉洁”的标准和创建服务型班组的要求，着力加强班子队伍建设。本人能够积极参加中心组织的廉政教育活动，每期新员工的职业道德培训都会参加。学习党和国家关于党风廉政建设的若干规定、各项党纪政纪，重视自学努力领会精神实质。并常对照党纪法规认真查找自身在贯彻廉政中存在的问题，有针对性整改。通过不断学习，我在思想上对反腐倡廉工作重要性、长期性的认识得到了提高。

（二）强化干部队伍建设。一年以来，我始终注意以身作则，处处防微杜渐，严格遵守党员干部廉洁自律若干规定，规范了自己的从政行为，常常自重、自省、自警、自励。做到了廉洁奉公，忠于职守，没有利用职权和职务上的影响谋取不正当利益；遵守公共财物管理和使用的规定。勤俭节约，不讲排场、比阔气，严格遵守“廉政建设若干规定”。同时，支部大会上号召党员干部，严明党的纪律，勇于正视缺点和不足，从自己做起，从现在改起，端正行为，在宗旨意识、工作作风、廉洁自律上摆问题、找差距、明方向，深入分析，清洗思想，深入开展批评和自我批评。

（三）树立了正确的权力观、地位观、利益观，正确行使权力。作为一名党员干部，做到了正确对待和行使手中的权力，淡化“官念”和权欲，用平常心看待职位，用责任心看待和运用权力，一是做到了“慎权”。二是做到了“慎欲”。从未谋取规定以外的特殊利益，堂堂正正地做人，明明白白地工作，保持了良好的品行和高尚的情操。三是做到了“慎微”。做到了时时刻刻从大处着眼，小处着手，见微知著，防微杜渐，追求党性和道德修养的高境界。四是做到了“慎独”。在廉洁自律上做到了表里如一，在任何时候、任何情况下，都自觉以党性原则和道德规范衡量、约束自己，没有人前一套、人后一套，严格进行自我监督。

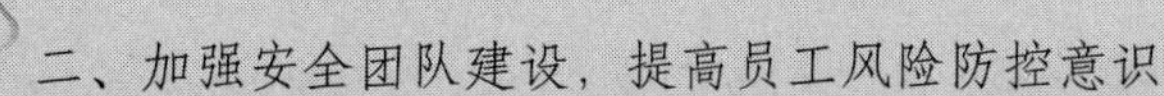

二、加强安全团队建设，提高员工风险防控意识。

（一）作为高级经理、部门主要领导，我组织编写和制定《××销售服务中心岗位纪律手册》，进一步规范、强调生产经营中各岗位纪律要求。按照风险防控要求，对PEK112区域所有E-TERM工号指令权限进行整理。因社会安全形势日趋严峻，针对晚班坐席班后放弃公司住宿的相关问题，制作晚班坐席放弃住宿表并完善确认流程。

（二）常态化内控检查机制，维护生产安全及人员思想稳定。加强全体员工安全教育，对重点环节进行安全排查，制订全年安全计划，签署责任书，落实安全管理责任。全年宣贯安全生产销售底线，树立职业道德红线意识。

三、继续夯实基础管理，重视后备人才的培养，努力提高执行率。

（一）强化班组管理。本年度因岗位变动大、班组长更替频繁等原因，对稳定员工思想和保持业务状态有一定的影响，鉴于此，我抓住问题的关键点，组织营运和销售项目统筹规划，对各技能班组人员进行了结构调整，细化了班组长职责、优化了班组长工作流程和管理制度。积极推进各项班组建设活动，组织开展形式多样的竞赛评比活动，挖掘业务骨干，做好人员储备。

（二）建章立制，确保落实。从内部管理入手，不断完善和修订工作流程和管理制度，把重点放在岗位职责的落实上，规范干部职工的工作行为，强化对职权运用的约束和监督。

四、加强培训管理，提高员工综合业务能力。

为巩固员工业务技能，提高学习主动性，每月、每季度坚持进行月、季考试。2014年重点O&D业务方面，培训做到结合营销中心组织的统一培训并进行了自主培训；根据第二届教员竞赛活动实施计划，圆满完成最后阶段成果展示活动和总结，并将第二届教员竞赛成果加以推广。

五、创新管理手段，突出管理成效。

根据《岗位动态调整办法》对本年度一线员工工作情况进行了考核，对综合评比表现优良的员工进行通报表扬，对不合格员工逐一进行有针对性的专项数据分析和谈话，此举既起到了警示作用又起到了激励作用。员工信息管理平台上线，已完成2012年、2013年数据台账录入，将持续对2014年员工信息进行实时录入。

六、转变销售意识，增强销售能力。

部门较好地完成2014年销售任务，采用销售管理多元化，挖掘员工销售潜力。对国内、国际销售指标以半周、周、月三段时间进行段总结，不断提升坐席自我销售管理意识；另外通过对坐席目标的制定，从值班时长、出票率以及平均票价等几个关键指标入手，提升一线销售能力。

七、强化服务意识和能力，提升职业化服务水准。

（一）增强内部服务支持力度。4 月起，业务值班经理业务从总部正式切割，全面承接本中心所有业务问题咨询及处理工作，覆盖 7×24 小时业务支撑。对新员工、转岗员工，上线初期，质检组采用录音跟听、线下辅导和在线业务支持的方式，提升其服务业务技巧。

（二）加强服务质量监控力度。按照 ×× 营销中心服务绩效考核要求，制定完善 ×× 中心服务质量检查单，开展每季度的自查和整改工作。每月收集外部质量反馈表，按时整理《外部质量监督报告》并反馈给营销中心外部质量检查员。

八、存在的不足及今后努力方向。

回顾去年的工作，虽有成绩也有不足，主要表现在：

（一）在新常态下，对工作机制和管理方法还需不断总结和创新。随着社会需求和内外竞争的日益加剧，加上大环境中经济下行的压力加重，公司对夯实基础，加强内功、提高管理能力和服务素质等提出了更加严格的要求和更高的标准，而本人在不断适应新情况，始终保持知识常新，紧跟时代需要，开阔眼界，扩展思维方面还需进一步加强。不能将思维禁锢于现有狭窄的范围，应该打破框框，站到一定的高度，更加主动地学习先进的管理知识，勇于在工作方面有所作为，要努力尝试和开阔创新思路，通过实践磨砺意志，提高经营和管理的能力。

（二）对部分工作落实的过程管理还需亲自上手，检查督导力度有待加强。自己身兼部门经理和党总支书记两职，日常事务比较繁忙，对一些具体工作有时疏于管理，使得一些工作在实施过程中出现问题，没有得到及时纠正，导致浪费不必要的时间，工作效率受到影响；还有一些工作出于放手观念的想法，在监督和指导方面做的不到家，不够细致，对整个工作的过程和质量没有起到严格管理、适时指导的作用。

在今后的工作中，我将坚持学习，进一步加强工作责任心，努力提高自己的业务水平和管理能力，针对存在的问题和不足，制定改进计划和完善措施，逐一进行纠正和克服。在工作中更加勤勉，时时刻刻对照岗位职责严格要求自己，用责任鞭策自己。2015 年是中心转型的关键年，我将团结本部门领导班子成员，充分发挥集体的力量，带领全体职工，充分发挥党团组织的积极作用，在总部的指导下积极有效地推进转型工作，抓好各项基础工作的建设。

特此报告，请审阅。

述职人：×××

2015.5.13

范文3.7是一篇部门领导的年度述职报告，围绕岗位职责和工作目标全面阐述履职情况。因述职人担任部门高级经理并兼任党总支书记，因此述职的范围涉及业务职责和党的建设两个方面，即工作任务履职和党风廉政建设。报告以两个核心分别进行分项阐述，突出了个人作用，谈工作成绩，摆事实，对履行职责期间完成的工作逐一叙述和分析。在缺点部分，提出了两点不足，对缺点原因和造成后果等没有进行深入的分析和阐述，比较简明扼要，最后部分表明今后工作努力的方向和大致思想认识、工作方针。全篇主题明确，层次清楚，主次分明，详略得当。

第四节 调 查 报 告

一、调查报告的概念

调查报告是为了一定的目的，通过对社会事件、问题、情况、经验等进行细致的调查研究而撰写的书面报告。调查报告经常作为公文附件或在媒体上刊载，是帮助人们了解事情真相、掌握规律、交流经验、指导实践的实用文种。

二、调查报告的特点

1. 强烈的针对性

调查报告的写作是为了某一目的，有针对性地对现实中的典型问题和情况进行调查研究，总结经验，回答人们最关心的各种问题，帮助人们了解真相、解决问题。调查报告的针对性越强，社会作用越大。

2. 客观真实性

如实、客观地反映社会问题，揭示客观事物的本质和规律，是调查报告的价值和功能所在。因此，调查报告的材料必须是真材实料，不能靠道听途说，更不允许东拼西凑，编造虚假的材料。

3. 叙议结合性

调查报告的写作以记叙和评论相结合，但以记叙为主。要对调查得出的结论进行概述，做出简要说明，并在叙述中适当加以分析，但应点到即止，无须反复论证。这点与调研报告（狭义的调查报告）的写作侧重过程与结果、重在论证与研究的写法略有不同。

三、调查报告的种类

调查报告的分类有多种方法，有两分法、四分法，还可以根据不同的角度进行分类。

1. 两分法

两分法指把调查报告分为两种类型：专题性调查报告和综合性调查报告。

1）专题性调查报告。

这类调查报告是针对某一事件或问题撰写的报告，是对社会中的某一问题、某一事件进行深入调查撰写的报告。这类报告的特点是目的明确，问题专一，根据调查结果提出的处理对策和建议具有很强的针对性，如《网络收益部夏季航线收益情况调查报告》。

2）综合性调查报告。

这类调查报告是综合多个问题对象，进行调查取证，获得多方面材料，归纳出结果，经过研究总结提出意见和建议。这类报告调研范围相对宽泛，涉及的对象较多，具有系统、全面的特点，如《任重道远，开拓进取——×× 航空公司行业市场调查分析报告》。

2. 四分法

四分法指把调查报告分为四种类型：总结经验的调查报告、揭露问题的调查报告、理论研究的调查报告和反映情况的调查报告。

四、调查报告的结构

调查报告一般包括标题、正文和落款三个部分。

1. 标题

调查报告常见的标题形式主要有以下两种。

1）公文式：由“事由＋文种”构成，如《关于B2208飞机紧急出口舱门打开事件的调查报告》。

2）文章式：如《拓展市场产品先行——中心市场部二季度产品推介会试行报告》。

2. 正文

调查报告的正文由导语、主体和结尾三部分组成。

1）导语。即引言，是用简洁的语言交代和介绍调查的情况，为全文做好铺垫。导语常对调查的对象、时间、地点或内容等进行简要的概括说明，并引出正文。

2）主体。主体是调查报告的核心部分，是导语的引申和扩展。主体内容按照调查报告的种类不同，有以下几种结构：

①“情况—调查结果—问题—建议”结构。即首先阐述调查对象的全面情况，然后介绍调查结果，提出存在的问题。最后针对问题和结果进行分析，找出规律，总结经验，提出意见和建议。多用于情况调查报告。

②“成果—具体做法—经验”结构。先介绍调查对象取得的成绩，再分析取得成绩的

具体方法，最后总结经验。一般用于经验总结类调查报告。

③“问题—原因—意见或建议”结构。这种写法首先披露事实真相，然后分析问题的成因，进行分析研究。最后表明作者的立场和观点，提出意见、建议。多见于揭露问题的调查报告。

④“情况—问题—意见”结构。即首先介绍调查对象的基本情况，肯定成绩，找出问题进行分析研究，提出改进意见和建议。这种结构在研究性调查报告，如调研报告中常见。

3）结尾。调查报告可以采取自然结尾，即以调查报告的正文内容结束作为全文结尾。也可采用总结式的结尾，即可在正文结束部分，点明全文的主题，用归纳性的语言结文，或提出问题、启发思考等。结尾部分的语言要求避免官话、套话或多余的修饰性文字，要简洁、流畅。

3．落款

在正文下方写上作者名称和成文时间。

五、调查报告的写作要求

1）调查报告写作难度较大，因为它不仅容量大，内容丰富复杂，还要求作者对调查的事物进行全面分析和研究，力求正确反映事物的真面目。“没有调查就没有发言权”，写作调查报告，要求作者必须具备科学的世界观和方法论，要深入实际，用客观的眼光做行动指导，揭示事物发展规律，得出科学、正确的结论。作者必须具备较高的驾驭文字，组织材料，谋篇布局和准确分析、判断、论证等方面的能力。

2）调查报告重在调查，必须要深入社会实践，紧紧围绕调查的对象和主题，收集具有真实性和典型性的材料。材料的选取不仅要有广度，还要有深度，这样的材料才能提炼出典型性特征，最能揭示事物真相，说明观点。本着“由此及彼，由表及里”的原则，运用正确的分析、判断、归纳、综合手段，找出事物发展过程中起支配作用的东西，抓住核心点，揭示出其本质和规律性的因素，上升到理论的高度，为制定方针政策提供依据，为可供借鉴的经验教训提供有用的资料。

六、调查报告与总结的区别

1）反映内容的不同。调查报告反映的内容比较宽泛，可选取社会活动中任何一个方面，既可以揭示真相，也可以反映情况，还可以总结经验或者揭露问题等；而总结是对自身总体工作的全面检查，是对成绩和缺点、经验和教训的概述和评价。

2）写作的重点不同。调查报告以陈述事实为主，对具体事物和典型事例的发展过程进行阐述，然后再依据事实，做适当评论或结论；而总结不仅要概括成绩和经验教训，还要着眼发展，提出今后工作的设想和计划，既有情况回顾，还有经验总结和发展规划，常用概述式写法。

3）反映的范围的不同。调查报告既可以是本单位、本系统的，也可以是外单位、跨行业的；而总结主要写本单位、本人的工作经验或教训，一般不涉及这个范围之外的情况。

4）使用的人称不同。调查报告的作者不是以当事人的身份出现，常用第三人称写作；总结是当事人对自身工作的回顾、分析，所以常用第一人称写作。

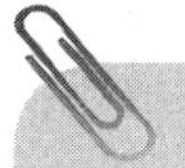

范文 3.8

2013 年全国民航航班运行效率报告

目　录

范文 3.8 是一篇行业情况专题调查报告的目录。从目录可以看到该调查报告内容非常庞杂，围绕“运行效率”主题，作者选取了相关的七大类材料。在每一个项目下面有很多子项目，分别按照需要，从不同的角度划分，或取量或取数，罗列的材料非常丰富、具体和翔实。

范文 3.9

飞行事故调查报告

失事时间：1995 年 8 月 21 日 12 时 50 分左右（报告采用 UTC 时间，即世界标准时，换算为北京时间的方法为+8 个小时，即 20 时 50 分左右）。

失事地点：美国佐治亚州某乡村。

航班类型：国际公共乘客运输 529 航班。

运营商：××× 航空公司。

运载人数：飞行员 2 人、乘务员 1 人、乘客 26 人。

事故概述：1995 年 8 月 21 日，美国 ××× 航空 529 航班从亚特兰大起飞后不久，飞行高度为 18 000 英尺（1 英尺≈0.3 米）时，突然左发动机的螺旋桨断裂。飞机以每分钟 2000 英尺的下降率急速下坠，机组立即宣告情况紧急并寻找迫降场地。12 分钟后，飞机以20° 下倾角带30° 左坡的姿态猛烈接地，滑行360英尺后燃起大火。迫降当时无一人死亡，但不幸的是接踵而来的大火造成机上29人中的8人死于烧伤。

事故后果：略。

一、调查中查明的事实

（一）通过人证调查发现，飞机在迫降当时无一人死亡，但不幸的是接踵而来的大火造成机上29人中的8人死于烧伤。

（二）NTSB调查员找到了左推进器的总成部分，包括3片完好的螺旋桨和折断的第四螺旋桨残段。

（三）NTSB调查员吉姆检测丢失的螺旋桨的残段，看出了沿着螺旋桨的断裂面有背纹线，这是典型的疲劳裂纹迹象。残段还提供了关键的线索：压印在螺旋桨根部的零件序列号861398。

（四）吉姆带着残段飞到华盛顿NTSB实验室，在螺旋桨断裂内表面检出了附着物氯。

（五）529航班的螺旋桨叶片是从距根部33.5厘米的地方断裂的，这与以前的因为氯腐蚀内壁造成的螺旋桨失效的事故非常类似。

（六）通过在显微镜下观察，叶片内壁上有两条裂纹，两条裂纹连在一起，形成一条裂缝，裂缝不断变长，最终环绕叶片一周，使得叶片在运转过程中断裂。

（七）在距断裂处3.8厘米处，叶片内表面有一连串被打磨过的痕迹。

（八）吉姆在汉密尔顿公司修理记录中看到，签名为本德的机械师打磨过一次该螺旋桨。

（九）通过人证调查，调查员发现空管人员疏忽了飞机在坠毁前6分钟发出的地面救援通知。

二、事故原因分析及主要依据

（一）由于螺旋桨叶片被氯腐蚀而形成裂纹，最后在飞行应力作用下折断，这是最直接的原因。

主要证据：

1. 吉姆带着残段飞到华盛顿NTSB实验室，在螺旋桨断裂内表面检出了附着物氯。

2. 沿着螺旋桨叶片断裂面有裂纹线，这说明叶片属于疲劳断裂。

3. 在显微镜下，调查人员看见叶片内壁上两条裂纹连在一起，形成一条裂缝，裂缝不断变长最终环绕叶片一周，使得叶片在正常运转时断裂了。

（二）本德在检查该螺旋桨时没有发现氯腐蚀的痕迹，打磨了螺旋桨叶片内壁，在无意中消除了裂纹的痕迹，这是间接原因之一。

主要证据：

1．吉姆在汉密尔顿公司修理记录中看到，签名为本德的机械师打磨过一次该螺旋桨。

2．在距断裂处3.8厘米的地方有一连串打磨的痕迹。

（三）汉密尔顿标准公司没有为本德的工作而给予他足够的培训和检测仪器。因为本德没有能放大缺陷的更精密的工具，以致他没有发现裂纹。这是间接原因之二，属于组织方面的原因。

主要证据：两天时间里，NTSB小组请本德回忆并陈述他是怎样修复处理那些推进器螺旋桨叶片的。通过询问，得知本德在检查该螺旋桨时没有发现氯腐蚀的痕迹，因此他做了公司让他做的事情，即打磨螺旋桨叶片内壁。

（四）空管人员疏忽了飞机在坠毁前6分钟发出的地面救援通知，以致地面救援人员不能及时赶往现场。这是空管方面的原因。

主要证据：调查组用人证调查的方法，调查了副驾驶员马特和亚特兰大管制中心。马特用无线电通告亚特兰大管制中心："我们还在掉高，急需一个机场，给我们准备好车辆和应急的一切。"

（五）飞机燃油的易燃性较高，以致飞机在迫降当时无一人死亡，但不幸的是接踵而来的大火造成机上29人中的8人死于烧伤。

主要证据：调查了该航空公司使用燃油的情况，并了解到研究人员进行的易燃性弱的燃油的实验。

三、事故结论

根据调查，本次事故是由于螺旋桨被侵蚀产生裂缝而在维修过程中没有发现就被放行而造成的。造成该起事故的主要原因有：

（一）哈密尔顿公司规格为14RF-9的螺旋桨曾经由于金属疲劳断裂在飞行途中，但螺旋桨制造商却故意掩盖其产品问题。

（二）螺旋桨在返修过程中，维修人员没有发现问题，而是根据他受过的培训，用专用工具打磨内表面，但是这样做却妨碍了超声波检出金属疲劳裂纹，使得螺旋桨在存在裂纹的情况下飞上了天。

（三）哈密尔顿公司没有高精度的检测仪器，也没有对维修人员进行足够的培训，这就导致了维修人员没有发现裂纹并且做出了错误的反应。

（四）飞机在起飞后不久一片推进器螺旋桨突然折断，产生巨大的不平衡扭矩。引擎与紧贴机身的舱内底座断离，舱外底座扭曲折弯，但没有脱开。整个推进器被抬起，位移到机翼前缘，改变了气流方向，减小了机翼举力。这就使得飞机急速下降，在到达机场之前就与地面相撞。

（五）由于机上燃油易燃，导致飞机在撞地之后不久引起了火灾，使得在撞击过程中并未出现伤亡的部分人员在火灾中丧生。

（六）空管人员在接到机长的紧急通告后忘记了通知应急救援人员，这使得飞机上的人员在飞机撞地之后没有及时得到解救，而有部分人员在随后的火灾中丧生。

四、安全建议

（一）组织环境的角度。事故的发生往往是以组织的缺陷为萌芽的，因此我们应该从组织方面的原因着手，防止人的不安全行为和器物的不安全状态。

1. 对维修技术的人员重新培训审核。维修人员须懂得每一个工作程序的原理，并因此做出正确的判断。对于一般的维修工作人员在做每一个维修工作时，应该告诉监管的工程师，工程师同意签字后才能进行维修。

2. 空管单位要加强空管人员的交流，提高空管人员的警惕性，对于由空管人员造成的事故和事故征候采取相应的惩罚措施。

（二）人员角度。空管人员在接到机组的救援信号后应该及时通知地面救援人员做好救援准备，尽可能地减少人员伤亡和财产损失。因此，空管人员要与机组有高度的配合和完美的协调。

（三）硬件设备的角度。

1. 完善机舱内的应急设备和应急保障体系。如果机舱内有相应的灭火设施，在飞机起火后，舱内人员能够及时控制火势，减小伤害；本次事故中的安全斧的质量存在明显不足，所以在今后应提高应急设备的质量。

2. 对航材质量提高标准审定和监管，对不合格航材禁止使用，禁止腐蚀性材料的使用。

3. 强化飞机的告警系统。在这次事故中，飞行员并不知道发动机已经完全损坏，只是认为发动机失效，耽误了事故的处理时间。所以，对此要加强飞机的告警系统，在飞机部位受损的情况下，做出相应的告警，使机组了解飞机的受损情况。

（四）软件设备的角度。对维修记录的档案管理：根据以往飞机发生的类似事故原因，要对现在运行中的有相同材料的飞机进行停飞检修，隐患解除后再恢复运行。

五、各种必要的附件

（一）该航空公司还发生过另外两起因螺旋桨断裂造成的事故。1994 年 3 月，公司的两架飞机各有一片螺旋桨断在飞行途中，原因也是金属疲劳。一片断裂在加拿大结冰的湖泊上空，另一片断在巴西 22 000 英尺高空。虽然两架飞机都安全降落了，但事故给公司带来危机。

（二）证词的收集。副驾驶员马特用无线电通告亚特兰大管制中心：“我们还在掉高，急需一个机场，给我们准备好车辆和应急的一切。”

吉姆单独会见机械师本德，吉姆问：“你想问我什么问题吗，本德？”本德低下头：“是我的错吗？”

（三）机组具有良好的应急能力和处境意识，在遇到危机状况时能临危不惧，把旅客的利益放在第一位，竭尽全力挽救旅客的生命。证词如下：

1. 费希一只手搭在一位乘客肩上说：“这种飞机的设计允许单引擎飞行，这也是飞行组娴熟的基本科目之一。”

2. 客舱里，费希努力冲淡恐惧，反复说明，飞机可以单引擎飞行。然后考虑迫降步骤。安全带一定要系得低系得紧，她说。她一边在过道里走动，一边向所有乘客示范避险姿势，告诉他们胳膊肘应抬到什么位置。

3. 机长凯文站着，身子直摇晃，他已找出自己的逃生路径，知道自己该冲出去，但他用右手抵住头顶的行李架，与另一幸存者一起帮着悬空的乘客解开座位安全带。

……

六、调查中尚未解决的问题

如何避免造成伤亡的大火？即怎样使燃油在发动机里燃烧，泄漏时却不起火？

（资料来源：http ：//wenku.baidu.com/link?url=UnTIpJLT-k7SjeShciBw3hEthP_3X03exKAKljk6NpA-3u4eKtulSpPxhZqoI5evhCQY8j0_G3looLFh08QUAP3ZytlEzSMKy06xhr3MMHm)

范文 3.9 是一份航空事故调查报告。航空事故调查的目的是查出事故原因，提出安全建议，防止事故的再次发生。航空事故调查报告有行业内的法规和支持性文件，国际上通用的有《国际民用航空公约》附件 13，国内民航执行标准有中国民用航空局《民用航空器事故和飞行事故征候调查规定》，因此，按照相关文件规定，这类调查报告都有自己的成文格式。

这篇报告在第一部分详细说明了飞机失事的时间、地点、承运航空公司、航班性质、失事的简单概述，让人读后对此次空难事故整体情况有了大概的了解。第二部分呈现调查工作的整体过程，一一展现事故造成的后果，包括人员损失、飞机状况，给出简洁但非常重要的判断：“这与以前的因氯腐蚀内壁造成的螺旋桨失效的事故非常类似”。第三部分进行事故分析，提出几个关键点，并一一列举出主要证据和间接证据作为佐证。第四部分根据事故造成的客观情况分析推断出事故原因，指出造成此次飞机失事的几大原因，并分别进行详细阐述。第五部分提出安全建议，就导致此次飞机事故的原因从多个方面提出安全防范意见和建议。第六部分调查附件。第七部分提出问题（本次调查报告中没有能处理的问题）。

可以看出，这篇调查报告叙述的内容非常全面，涉及的各个方面阐述都相当细致，用大量篇幅如实报告事故的事实状况，报告的分析、推论都是围绕失事事件中的关键点进行，严格以客观事实为依据，因此最后得出的结论和建议也必然是客观、科学和合理的。全篇文字简洁，紧扣主题，没有半句废话、空话和主观臆断，收集材料详尽全面，列举证据充分，分析丝丝深入，论证逻辑合理，说明条理清晰，层层展开，步步深入，其结果自然让人信服，是一篇全面、规范、科学的事故调查报告。

第五节 简 报

一、简报的概念

简报是国家机关、社会团体及企事业单位内部用来通报情况、交流信息的一种简短的常用文种。日常工作中常见的有工作动态、情况反映、简讯、内部参考、快报等。

二、简报的特点

简报的特点归纳起来有几个方面：文字短，内容新，反应快，形式活，专业性强。

1）精练性。简报多集中反映某一事件、情况或问题。其体裁虽然短小精悍，文字简要精练，但是要求交代事情完整、清楚、准确。

2）新闻性。简报的内容必须反映最新发生的事件、最新情况、最新问题，通过对最新工作情况的传达，及时做出决策，制定方案。因其新，又决定了简报的另一特点“快”，又新又快，使简报具有非常明显的新闻性。

3）专业性。简报是各企事业单位内部编制发行，供内部员工交流和查阅的资料。不同行业、不同部门内的简报编发的内容不同，因此简报具有极强的行业特点和专业特征，因而这类简报具有针对性的指导作用。

4）灵活性。简报的写作没有固定模式，写作比较灵活多样化，便于作者充分发挥写作风格，利于报道和说明工作情况。

三、简报的种类

从内容和作用上划分，简报大体上有以下三类。

1. 会议简报

会议简报主要用于报道会议召开期间的各种交流活动，以及与会人员观点，常用于反映会议动态、交流会议观点等，一般适用于大型或较大型的会议。

2. 专题性简报

专题性简报是在一段时期内，为配合某项工作，就人们关心的、重要的某议题专门编发的简报。专题性简报的内容集中，一般是围绕一个问题或一件事撰写。

3. 综合性简报

综合性简报是指在内容方面对某些情况或问题进行全面、综合性反映的简报。主要特点是涉及面广，情况复杂，材料丰富，能给人以全面的、概括性的认识。

四、简报的结构

简报由报头、正文、报尾三部分构成。

1. 报头

报头部分占 1/3 篇幅，由分割线将报头与文稿分开，报头一般包括如下部分:

1）简报名称。为了醒目，简报名称居中，字体稍大，有时套红。

2）期数。简报期数放在简报名称下方。

3）编发单位。即编制单位，写在分割线左上方。

4）印发日期。写在分割线右上方。

5）密级。密级一般标在报头的左上角，按照简报的内容和要求，一般分为绝密、机密、秘密或内部参考等。

2. 正文

1）标题。简报的标题可以设正副标题，副标题对正标题做补充和说明，强化主题含义。

2）导语。是对简报内容的提示、说明，对主体部分进行概述。

3）主体。这部分是简报的主要部分，是对导语部分的具体化。要选取具有说服力的典型材料，能够反映中心思想的主旨，起到说明观点的作用。

另外，有时还会在简报上加按语。转发性的简报一般都会在正文前面加写一段文字，这就是简报的按语。按语是对简报内容的提示、说明，以引起读者注意。

3. 报尾

简报的结尾或发出号召，或提出工作计划和部署。简短的简报可以不写结尾，意尽言止即可。

简报一般不具名。必要时在正文的右下方写明“××× 供稿”。

五、简报的写作要求

1）材料真实。材料的真实是简报写作的生命。简报是加强领导和传递信息、报告情况的重要工具，因此，材料必须绝对真实、准确。

2）针对性强。简报要反映最典型、最重要和人们最关心的问题，要选取那些即使是小问题，但却有大价值的事例；要及时对工作中对领导策略的反应进行反馈，帮助领导纠偏；要着眼于焦点问题，抓住问题的关键点，挖掘和开拓事物的本质。

3）反应迅速。简报之所谓“报”，就是要求作者讲究时效，反应迅速。写作时思维要敏捷，分析要得当，动笔要迅速，成稿要快捷，制发也要及时。丧失了时效性，简报就会失去价值。

4）文字简略。简报的“简”字，体现了简报的基本特性：简明扼要。作者在编写简报时首先要注意选材精当，一事一稿，主题集中。一篇好的简报，就是要用尽可能少的文字，将复杂的问题说清楚、讲明白。

范文 3.10

国际民航简报

第八期

××× 航空公司办公室编　　　　2002 年 4 月 29 日

澳大利亚航空公司（Qantas Airways）的最新消息表明，澳航将从今年 5 月 8 日起正式启用位于澳大利亚悉尼国际机场（Sydney International Airport）的 Qantas Club 贵宾候机厅。据悉，新启用的 Qantas Club 贵宾候机厅是澳航在今后 12 个月投资与贵宾机场休息厅发展计划的第一部分，该计划全部耗资为 5000 万澳元（折合人民币将近 25 000 万元）。（澳大利亚航空公司官方网站）

日本全日空航空公司（All Nippon Airways）日前和韩国韩亚航空公司（Asiana Airlines）达成协议，所有全日空航空公司 Mileage Club 常旅客都可以在由韩亚航空公司执飞的全日空航和韩亚航共享航班上获取常旅客积分。同样，所有韩亚航空公司 Asiana Club 常旅客也都可以在由全日空航空公司执飞的全日空航和韩亚航共享的航班上取得相应的常旅客点数。（日本全日空航空公司官方网站）

泰国航空公司（Thai Airways International）日前被指定成为 2003 年度世界青年旅

游会议（World Youth and Travel Conference）的官方承运航空公司。据悉，此次会议将于2003年10月12日至该年10月18日在泰国城市巴堤雅（Pattaya）举行。（泰国航空公司官方网站）

抄报：××× ××× ×××

抄送：××× ××× ×××

范文3.10是一份文摘性简报，没有任何说明和阐述，格式规范，内容原封不动来自各航空公司官网，照样粘贴即可。

范文3.11

民航春运工作简报

（第一期）

民航管理局春运办　　2011年元月10日

民航管理局召开春运工作电视电话会议

2011年元月5日上午，民航地区管理局召开了2011年春运工作电视电话会议。成都设主会场，在西藏区局、云南监管局、重庆监管局、贵州监管局设立分会场。局机关全体人员，辖区内各民航企事业单位分管领导及运输服务部门负责人，凯亚公司、非基地航空公司营业部、中国航协地区代表处负责人参加了会议。

会议主要有两项议程：

一是×××巡视员做民航地区保障航班正常与大面积航班延误后应急处置专项整治工作总结。二是管理局×××书记部署春运工作。

×××巡视员全面总结了开展近一年的民航地区保障航班正常与大面积航班延误后应急处置专项整治工作，指出这项工作积累了经验，取得了成绩，同时也存在不足，对今后的工作提出了具体要求，要求各单位通过专项整治工作，真正建立应急处置机制，完善应急管理手册，不断提升应急处置能力。

×××书记就民航地区2011年春运工作做了全面部署，动员广大干部职工坚定信心，齐心协力，采取有效措施，迎战春运。提出要全面把握2011年民航地区春运工作面临的形势，全力做好2011年民航地区春运工作。

本局地区地理环境特殊、天气复杂多变，××个营运机场中有××个是高原机场，××个是复杂机场。尤其是冬春季大雾、冰雪、低云、低能见度、风沙等复杂气象条件将对航班正常运行造成严重影响。加之两大繁忙机场的容量已不能满足航空运输发展需求，长期处于超负荷运行状态。保障航班正常运行难度大，航班延误比例较高。同时××个机场中有××个机场正在进行不停航施工，增大了运行管理难度。各航空公司、机场、空管、油料等运行保障单位要针对这些情况做好准备，制定有效措施，保证春运安全、正常、有序进行。

春运工作年年抓，新年要有新气象。我们要站在服务人民群众，推进构建和谐社会的高度，按照"科学组织、安全第一、以客为主、优质服务"的原则，切实落实春运工作的要求，确保民航地区春运安全有序顺利进行。×××书记从切实加强领导，完善工作机制；加强安全管理，强化运输组织；加强部门协作，完善应急保障；加强安全监管，保证春运安全、正常；加强春运宣传，及时信息报送五个方面提出了要求。确保实现民航地区2011年安全、正常和优质服务工作开门红。

报：民航局春运办、管理局领导

发：××区局、各监管局，机关相关部门

范文3.11是一份工作会议简报。内容紧扣会议中心主题，全面、详细叙述会议内容，对了解会议精神、掌握当前工作情况、指导和安排春运工作起到及时、积极的作用。

关于×××空港货站安全保障情况的简报

（2012年5月第3期）

空港货运站服务有限公司：

本周货站保障情况总体良好，现将我中心本周重点关注的内容通报如下：

一、999-47036765，×××-CAN，22P/300K，CA3404110/05MAY抵达广州。客户反映少收一件货物，该货是移动公司急需的信号生产设备。始发地货站称该货物当时装在AKE24806CA的箱里，已于CA3403/05MAY运至广州。此货到目前仍未找到，该客户已投诉到我司服务部，请货站协助积极查找此货物。

二、CA1742/21MAY水产品在卸机站发现货物侧放。请货站注意在装卸水产品货

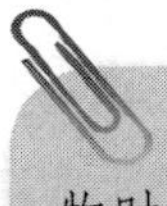

物时，请勿倒置。

三、CA1426/21MAY 航班在卸机站开后舱门时打不开，从舱门的缝隙处看到舱内货物把舱门堵住，打开舱门发现堵在舱门口的危品是装在四舱尾部，而且危品没有固定，也没有挂网子，致使货物滑出堵住舱门，四舱的其他货物都没有码放。

四、5 月 18 日 9-46261154 37/6180K 货物分批到达上海，破损较为严重。提货时，发现提货时一共有 11 件破损，近 30 个小箱变形和破损，外包装大部分缠绕膜已经不见踪影，很多托盘外箱上有规则不一的各种被插坏的小洞。请货站加强货物的装卸和装机时监控，避免货物因本站原因发生破损。

五、9-42566985 2/31K CAN/XIY 品名：药品，1 月 5 日交运，配载配货时查无货，后货物查找了很久没找到此货，5 月初在兰州找到此货，由于此药品有温度限制，虽然有棉絮包裹，但几经周折时间过长，待返回广州送往厂家检测药品已损坏，现客户向我中心提出索赔。

×××航区域货站安全业务室

二〇一二年五月二十五日

范文 3.12 是一份机场货站货物运输安全情况的内部简报，文字简洁、概括，格式比较简单，没有使用比较严谨的简报格式行文，在民航企业的很多部门多存在这种自由格式的简报，对沟通工作信息、了解工作情况起到很大作用。

第六节 明传电报

一、明传电报的概念

明传电报，是机关团体为了保证紧急文件的时效性，发给众多单位或个人的电报。电报内容无须保密，可以使用大众码来传递，属于传真电报的一种。与明传电报相对的是密传电报。

明传电报是传送紧急文件的一种快捷方式。随着办公自动化的普及和发展，明传电报通过传真机发送，减少紧急文件传递环节，缩短传递时间，大大提高传送效率，在企事业机关单位普遍使用。在民航系统内，更是一种使用非常频繁的发文方式。

二、明传电报的结构

明传电报主要包括报头、发往单位、签批盖章、等级、编号、抄送、承办单位等项。

1）报头。标准的民航明传电报报头为“民航明传电报”。

2）发往单位。即收报单位。收报单位（机关）较多的，可写成规范化统称，如“各管理局、各航空公司”等。

3）签批盖章。即签发人签名。如是电子版本的传真电报，可采用扫描原件和直接打印签发人姓名方式。

4）等级。即根据电报内容的需要制定的紧急程度，如特急、加急、平急等。

5）编号。明传电报有部门号，部门号即电报的文号，如管理局党委 2014 年发出的第 10 号明传电报，文号为“管理局党发明电〔2014〕1010 号”。

6）抄送。不属于主要发送单位或领导的，放在最后抄送栏内。

7）承办单位。即发文单位。在单位后还要标明发文单位的联系电话或经办人，便于沟通和联系。印发时间和印发数量都写在电报这个部分。

范文 3.13

明传电报

等级：急	×× 股份营销办明电〔2014〕30 号

关于开展“我为中心出谋划策”金点子活动的通知

中心各单位：

为发挥广大员工的主动性和创造性，积极参与中心发展以及创新变革，全面提高中心工作效率和服务品质，实现中心可持续性健康发展，中心工会将在员工中开展“我为中心出谋划策”活动。现将活动的具体事宜通知如下：

一、领导小组

组长：中心党委书记、工会主席 ×××。

成员：中心各部门分工会主席、中心各营业部总经理。

二、活动时间

发文之日起至 2015 年 10 月 15 日止，活动持续时间三个月。

三、活动参与范围

中心全体干部职工以及班组。

四、活动内容

针对本单位或公司的生产经营实际，围绕创新（优化）管理流程，提高管理水平、工作效率、经济效益，提升安全、服务、运行品质，加强成本控制、增收节支、节能

减排、关爱员工等内容提出建议。

（一）“金点子”活动的特点：

“金点子”活动是员工或班组针对本单位或公司生产、经营或管理所提出的，具有可操作性的改进方法和措施。应突出以下特点：

1．效益性。即所提建议采纳实施后能为管理优化、效率提高、品质提升起到促进作用，能为中心带来直接或间接的经济效益。

2．实践性。即所提建议符合部门、中心或公司实际，具有可操作性、导向性，可供借鉴。

3．创新性。即所提建议是对现有工作的改进或创新，且之前未在本岗位（部门）或公司应用过。

（二）以下内容不能作为“金点子”上报：

1．已经作为公司战略管理点进行落实的工作。

2．本单位或部门正在改进、实施或已经纳入改进、实施计划的工作。

3．属于本单位或本岗位职责范围内应履职的工作。

4．所提内容之前已被采用过的，或与之前被采纳的建议雷同的。

5．所提建议已在公司其他项目中参评并获奖的。

6．所提建议空泛无实质内容或缺乏新意的。

五、“金点子”申报

（一）名额分配：

1．中心本部各分工会完成至少 3 条以上。

2．×× 营业部、×× 营业部、×× 营业部完成至少 2 条以上。

3．×× 营业部、×× 营业部、×× 营业部完成至少 1 条以上。

（二）请各分工会于 8 月 28 日和 9 月 28 日前分两次将收集到的建议填写到“我为中心出谋划策——金点子”申报表，并以电子版形式报党群办公室。

六、奖励

（一）为鼓励员工积极参与此项活动，中心工会将对被评为“金点子”的建议给予每条 200 元奖励。并推荐到上级工会参与评比。未被评为“金点子”的建议将给予表扬鼓励。

（二）根据各单位组织情况，被采纳建议最多的单位将被评为优秀组织单位，中心工会将给予奖励。

七、要求

（一）各单位要高度重视，开展“金点子”活动是充分发挥员工的主人翁精神，激发员工在生产经营管理等方面的积极性、主动性和创造性，努力提高经营管理水平的一种有效手段。各单位要广泛宣传，发动班组、员工积极参与到活动中，充分发挥员工的聪明才智，为提高公司的核心竞争力发挥作用。

（二）各单位要加强活动的过程管理，促进活动的不断完善，同时做好活动过程的记录，注重视频、图片等资料的收集整理，为活动的总结表彰、成果展现储备资料。

（三）中心收集各单位的“金点子”后，将召集中心工委会委员及相关人员进行评审，并通报最后结果。

此通知。

附件：“我为中心出谋划策——金点子”申报表

二〇一五年六月二十日

抄送：分公司工会

承办单位：党办　　联系人：×××　　电话：12345678

（共 5 页）

范文 3.13 是一份有严格时间要求，需要立即下发，要求紧急部署，限时上报相关材料等内容的工作电报，该电报格式规范，发文迅速，从文中可以看到要求收报单位的工作执行日即发文之日起，时间非常紧急，使用明传电报发文体现了该通知的紧急性，达到发文对时效性的要求。

思考训练

1. 用一句话概括以下事务文段落的主旨。

1）6 月上旬，根据举报，民航局、有关地区管理局对某航空公司进行突击检查，发现该公司存在飞行员严重超时问题。经抽查，今年以来，该公司 15 名飞行员、21 人次不满足 CCAR-121 关于休息期的规定以及 65 人次单组飞行超过 8 小时的现象，暴露出该公司在安全组织领导、安全政策、安全文化、风险控制规章标准执行以及飞行队伍管理等诸多方面存在严重问题。为制止和惩戒违章行为，民航监管部门日前依法对该公司做出处理，措施包括年内停止受理新引进航空器申请、削减飞行总量、暂停新增航线航班和加班包机申请、罚款50万元，以及对公司法人代表罚款，对当事飞行人员暂停担任其执照载明工作6个月和2个月并罚款等。当前正值生产旺季，各运输航空公司要正确处理安全与生产、效益的关系，切实落实安全生产主体责任，严格执行行业规章标准和劳动保护措施，保证生产一线人员正常休息和执勤期落到实处，防止超能力、超负荷组织生产运营，并做好防暑降温工作。各单位要加大安全生产一线执勤情况检查，严防生产作业人员因疲劳作业、疏忽麻痹引发不安全事件。

2）自2007年8月6日起，中国民航在北京首都机场和上海虹桥机场之间推出“京沪空中快线”，使往来于北京首都机场和上海虹桥机场之间的旅客可以方便地使用专用廊桥，简化值机手续，实现随到随走，大大缩短了旅行时间。“京沪空中快线”由国航、东航、上航、南航、海航5家航空公司联手共同建立，这5家航空公司使用同一个品牌名称、同一种品牌标志和相同的服务承诺，集中在机场的同一个区域内运营。五大航空公司推出的特色服务为旅客提供快捷旅行。往来于北京首都机场和上海虹桥机场之间的旅客到达候机楼后，通过专门的“快线绿色通道”，即专设的值机柜台、安检通道、候机区域、登机口直至抵达目的地机场行李提取区域，使用快线的旅客在办理乘机手续之前，还可以在几家航空公司之间自由签转。

3）根据统计，2013年民航安全形势平稳，全行业未发生运输航空事故、空防安全事故，但有通用航空事故10起。2013年，全年共发生事故征候302起，其中严重事故征候6起，比上年降低45.5%；严重事故征候万时率为0.009，比上年降低51.2%；人为责任原因事故征候26起，同比降低24%；通用航空事故征候16起，同比增加23.1%。32家运输航空公司未发生人为责任事故征候。截至2013年12月31日，运输航空连续安全飞行2048万小时。

4）民航局党组要求，党组成员、机关各部门、直属各单位一定要把接受和配合巡视工作的过程，作为发现问题、分析问题、研究措施、堵塞漏洞、自我完善、自我提高的过程。特别要严格对照中央有关规定，按照中央巡视组相关要求，主动查摆和纠正不符合上级要求的问题。对自己查找和巡视组发现的问题，要即知即改、立行立改，并举一反三，从制度和机制上找原因，堵塞漏洞，防患于未然。各单位（部门）、各级领导干部要重新对照中央八项规定精神要求，对照今年5月印发的《民航局直属企业负责人履职待遇、业务支出管理办法》，针对领导办公用房配备、公务用车配备、公务招待活动、因公临时出国（境）管理等，认真进行工作整改，建立健全相关审批和备案制度，强化跟踪督促落实。同时，各单位（部门）要坚决杜绝借开会或培训之机公款旅游、公款购买礼品、公款聚餐饮酒、巧立名目发放津补贴或福利等行为，加强日常管理，健全和完善相应的制度机制，强化制度的刚性约束。

2．根据以下所给材料，按照要求拟写不同的文件。

材料1：

服务奖励申报单

申请单位	××× 航空公司售票服务中心		
符合奖励的条款	第三条　优质服务及突出贡献 （二）服务意识强，在实际工作中体现细微化和个性化服务，旅客满意度高，并得到旅客的书面表扬		
事件描述	旅客王昭明先生于2015年1月5日来电告知，他的太太FANG/PING于2015年1月2日乘坐从南京—北京—旧金山的CA5820转CA985航班，票号999-5479990929。旅客一共托运了四件行李，当到达旧金山机场提取行李时，发现其中一件行李（行李牌号：3999720364）并未到达旧金山机场。王先生称已与旧金山机场联系了两天，可没有得到确切的回复。于是王先生于北京时间1月5日中午12点58分来电求助，工号66234工作人员陈晓接到了电话，得知行李箱是新秀丽牌96cm的黑色帆布箱子，里面有贵重物品和生活急需用品，考虑到行李丢失已严重影响到旅客的行程，陈晓马上记录下旅客描述的内容，并告知查询后给予回复。在13点15分陈晓呼出联系北京行查部门，将旅客的情况向其反馈，而北京行查说系统显示此行李已装机，并建议通过旧金山机场报备。13点20分陈晓回复王先生所查到的情况并建议他联系旧金山机场协助寻找此行李，但王先生称他的太太在旧金山机场已报备过，机场行查部门也反复查过，此行李确实没有到达旧金山，很可能还在北京。这让陈晓感到事情非常蹊跷，看着旅客非常如此着急，为了尽快弄清楚行李的下落，陈晓没有放弃，哪怕有一丝希望，也要努力。13点28分陈晓再次拨打了北京行查的电话，告知行查同事旧金山机场查询到的情况，并描述了行李的外观特征，希望行查部门能再次帮忙核实。而这一次，事情有些眉目了，行查同事告知发现了一件疑似旅客的行李，因为行李条脱落了，还不能百分之百确定，需要去现场核实，请陈晓一个小时后再来电。陈晓担心王先生等待太久，13点37分呼出告知行查部门已抓紧时间在处理了，只要行李一有消息就马上通知他，请他再耐心多等会儿，顺利地安抚了王先生。这期间，陈晓一边正常接听电话为其他旅客服务，一边继续为王先生联系北京行查关注事情的进展。后续16点20分陈晓又一次拨打了北京行查电话，被告知行李已找到，机场同事承诺会安排最快的航班将王先生的行李运送到旧金山。最后一通呼出电话是在16点21分，陈晓将处理结果告知了王先生。历经3个多小时，一共呼出7通电话，通过北京行查部门同事的帮助，陈晓不厌其烦地为王先生解决了行李的问题，而对所做的这一切，陈晓无怨无悔。王先生于1月6日9点44分致电95583告知我们工作人员行李已在运往旧金山的途中，表示非常感谢陈晓，对陈晓热心的服务表示高度的赞扬		
奖励决定	根据第八条奖励标准“协助旅客解决服务过程中的困难，事例突出并值得推广的”的相关规定，奖励当事人员500元		
签发人	×××	签发日期	2015年11月12日
审批意见	同意		

材料2：

差错通报

事件名称：国际客票改期，差价算错		
主叫号码 / 日期 / 时间：15611735539/2015-06-05	处理日期 / 时间：2015.6.19	技能组 / 差错人：123456/ 黄海
情况说明： 旅客2015年6月5日16点40来电办理付费改期。四位乘客中两个大人，两个儿童（票号：9994495373747-50）。坐席黄海（工号123456）接听为客人办理，但由于坐席业务不熟为客人算错客票差价，大人每位多收400.00RMB，小孩每位多收200.00RMB，共计1200.00RMB。后客人因故取消旅行，前往当地营业部办理退票。才发现因错收差款，导致营业部无法在系统上按正常流程为旅客办理退票。按照规定，此种情况只能请旅客到电话中心退款，考虑乘客系外籍人士，为避免再增加旅客负担和尽可能减小事态影响，本着尽快处理的原则，经过请示值班经理，特向天津营业部申请特事特办，快速为旅客办理退款，并向旅客表示了歉意		

续表

正确处置方法: 在客票改期过程中，仔细查看改期后的航班的票价类别是否和原票票面一致，如果不一致，就不能用改期后的票价来算差价，还要仔细查看客票规定，可采用 XSFSD 指令来查询对应的票价类别
案例类型: 工作责任心不强，业务不熟，粗心马虎
处理结果: 根据《公司销售部奖惩条例》第六条第三款，给予黄海班后复训 1 小时的处罚，时间：两周；扣发月绩效工资 20%。此通报下发各坐席区，予以警示

要求：

1）根据材料一提供的材料，拟写一份表彰通报。

2）根据材料二提供的材料，拟写一份处罚通报。

3）材料一中的文字有什么问题？将其改写为一篇申报材料。字数不超过 800 字。

4）根据材料一和材料二，拟写一份简报。字数要求在 1200 字以内。

3. 根据下面材料，拟写调查报告。

不正常情况分析通知单

编号：13010478

关于 999-19217855 货物发生不正常情况，调查情况如下：

责任单位：配载室、装卸队、代理人	责任人:	发生时间：2011.4.13
参加评审人员：×××		
事件经过：999-19217866CKG-LAX4 件 /4KG，CKG 加货时未找到货，后 HKG 在 SITA 备注此货已用 KA8255/5JAN 错运至 HKG		
调查情况：经调看监控录像，999-19217866 货物与另一票 27 件到香港的货物由同一家货主同时交运，999-19217866 货物于 1 月 4 日 19:37 进入安检通道，代理人员将此票货物分出放置于安检机旁边，另一票 27 件港龙货物由装卸人员装托盘，收运人员清点件数并称重，后代理人在未告知收运人员的情况下，将 999-19217866 货物中的两件放上该托盘，装卸人员跟着又放了两件到托盘上，致使该托盘多装 4 件货。配载员张 ×× 在加 KA825 香港航班时，未发现夹带了此票货物，导致此票货物错运至香港。该票货物当天退回了重庆，并于 CA1430/06JAN 运往北京中转		
纠正、预防措施: ① 要求收运人员加强货物组装情况的监控，装卸人员一个托盘只能放置一票货物。 ② 配载人员加强托盘货物的清点复核，避免货物夹带出港。 ③ 请中心提醒代理人，进入库区是监控货物打板情况，不能擅自搬动货物，以免打乱正常的收运程序，造成货物不正常		

4. 撰写一篇年度活动计划，要求体现以下要点。

××× 航空公司工会拟制定年度“关爱女工”活动计划，活动要点如下:

1）心理抗压能力培训。

2）女性皮肤保养知识讲座。

3）“和谐团队、和谐家庭”拓展训练。

4）“建功立业话民航”知识问答竞赛。

5. 修改以下病文。

2013 年工作计划

一、以“新年新气象”主题活动为契机，在部门内部以党团员干部带头，开展迎新春各项活动，组织开展各种主题活动，如业务学习，班组技能竞技，前往敬老院、福利院送温暖等。

二、组织进行全年安全讲座。

三、安排新春大拜年活动，走访省内大客户，建立大客户走访资料卡，维护和巩固大客户资源。

四、结合五四青年节，开展系列纪念活动，如风采班组印象摄影、五四演讲、我的班组我的家、评选 2013 年度单位优秀团员和杰出青年。

五、“两会”期间，动员全员开展安全运输、优质服务保障活动，制定保障方针和具体方案，做好旅客信息传递工作，确保“两会”运输服务工作万无一失。

六、做好安全月各项工作的准备和实施，制定安全自查，根据查摆问题，研究解决措施和实施计划，保证落实。

七、做好“黄金周”的安全保障工作，做好人员外出登记、信息资料上报等相关工作。

八、协同配合人力资源部门，做好 2013 年新员工的招聘和入职培训。

九、根据本部门工作情况，制订工作流程完善计划，加强对内部整章建制的更新升级工作。

十、做好自身规章制度的检查和完善，迎接内控检查，并根据《整改意见》完成整改。

十一、实施拟定对九条新开航线的评估意见书，提出可行性报告。

十二、组织实施本部门招聘员工的转制工作，做好考试定级、转岗培训等工作。

十三、完成新办公大楼建成后的搬迁工作，做好系统调配、办公区域设施的安置和运行保障工作。

2014 年电话销售服务中心工作总结暨 2015 年工作计划

2014 年电话销售服务中心围绕总部电话销售服务中心和营销中心工作目标、要求和部署，积极开展本部门各项工作，并取得阶段性良好的效果，现将工作情况汇报如下：

关键绩效指标（KPI）	权重	计量单位	考核周期	目标等级			实际完成值
				T1	T2	T3	
客运运输收入	20%	万元	月	46 392	495 991		45 050
客运始发贡献收入	20%	万元	月	256 292	350 699		413 248
两舱贡献收入	5%	万元	月	24 499	29 444		24 307
大客户贡献收入	5%	万元	月	34 409	41 566		52 044
服务质量综合评价	25%	分	月 / 季	85/92/80	89/95/81	97/100/83	100.00
电话接听率	15%	百分比	月	80%	87%		89.00%
电话服务水平	10%	百分比	月	52%	57%		65.64%
合计	100%	—	—	—	—	—	

注：除电话接听率和电话服务水平指标为1～9月份完成数据外，其余指标均为1～8月份完成数据。

一、优化基础管理，提高执行效率

（一）强化班组管理

1. 本年度因岗位变动大、班组长更替频繁等原因，电话中心对各技能班组人员进行了结构调整，细化了班组长职责，优化了班组长工作流程和管理制度，并分批次安排各技能班组长参加班组建设、沟通技巧、写作能力的培训，提升班组长综合能力，实现了新老班组长的顺利交替，为基层管理者做好储备工作。

2. 电话中心积极推进各项班组建设活动，春运期间开展“保接听”评比活动，有效提升春运接听率；暑运开始，国内销售、服务技能班组通过开展每月班组擂台赛“僵尸大战”，增强了组员的团队归属感和荣誉感；国际组为提升各项生产数据，组织开展了“西部淘金行”的活动，通过数据公示、奖罚分明等措施，营造了一个和谐竞争、相互比拼而又业务精通的团队；此外每月各技能班组会更新具有本组业务特色的板报，通过照片、案例等形式留下工作色彩。每季度由各技能组轮流更新成都电话销售服务项目组班组文化墙，展现该季度各班组技能标兵、优秀员工。班组建设的进行大大增强了集体向心力，营造了良好的团队竞争氛围。

3. 为加强班组工作开展及信息传达的及时准确性，成都电话中心开通微信平台，定期发送最新业务文件、公告、温馨提示等信息，让一线员工随时轻松了解、掌握。

（二）完善绩效管理，发挥激励作用

1. 电话中心根据管理内容、管理方式的变化，及时对《员工手册》中涉及积分奖励计划的相关内容进行修订，并补充和完善其他相关管理规定。

2. 电话中心完成6～9级空编岗位人员笔试、面试等公开竞聘工作，确定新聘人员岗位并通过公示，相关岗位人员已陆续上岗。

3. 完成电话中心2011年绩效合约回顾和2012年绩效合约的签订。

4. 根据总部正式下发的“关于调整电话销售服务中心派遣制员工薪酬结构的通知”，完成派遣制员工工资结构调整及2012年1～9月薪酬增量补发明细的整理。

（三）加强培训管理，提高员工综合业务能力

1. 为巩固员工业务技能，提高学习主动性，每月、每季度坚持进行月、季考试，并在下半年月考中加入运营管理人员和各技能班组长。1～9月，共进行月考6次，考核人数57人，季考3次，考核人数348人。

2. 在提高培训管理能力，积极落实各项培训任务的同时，同样丰富了培训内容及形式，提高教员素质：①启动新进员工培训工作，精心组织安排教员授课，最终完成两批次共80位新进员工的理论培训和考试；②完成国际转岗培训36人次；③完成EMD和51系统新知识库培训150人；④2014年重点O&D业务方面，培训做到结合营销中心组织的统一培训并进行了自主培训，共计120人次，做到了全员覆盖；⑤在完成各项培训任务同时，还积极参加营销中心组织的新AV功能培训、高端旅客培训和有效沟通技巧培训等。

3. 根据第二届教员竞赛活动实施计划，圆满完成最后阶段成果展示活动和总结，并将第二届教员竞赛成果加以推广，命在教员竞赛中表现优异的选手作为教员安排在国际转岗培训中，将服务和销售的经验传递给更多的坐席。

4. 积极响应分公司主办、营销中心承办的岗位技能竞赛，共组织了186名电话中心坐席参与，从前期的初赛到决赛选拔，充分表现出了电话中心的工作特点；在公司组织的英语辩论赛中，员工同样展现了良好的英语技能和敏捷的思维能力，充分发扬本中心风采。

二、创新管理手段，突出管理成效

1. 根据2011年制定的《岗位动态调整办法》对本年度1～6月一线员工工作情况进行了考核，本中心根据相关规定对综合评比不合格的6名员工逐一进行针对性地专项数据分析和谈话，此举既起到了警示又起到了激励作用。

2. 员工信息管理平台上线，已完成2011年、2012年数据台账录入，将持续对2012年员工信息进行实时录入。

三、转变销售意识，增强销售能力

（一）销售完成情况

截至2012年9月份，电话中心销售情况如下：

项目	国内			国际		
	2012年	2011年	增幅	2012年	2011年	增幅
销售额/万元	10 187	9 400	42.87%	41 029	30 001	57.04%
出票率/%	32.51	30.77	－6.26	25.85	20.00	6.85
平均票价/元	1 013	817	196	5 943	6 133	－190%

（二）销售管理多元化，挖掘员工销售潜力

1．对国内、国际销售指标进行合理分解，将指标按照周和日分解到组、分解到人，并对国内、国际销售指标进行预警，通过半周、周、月三个时间段为坐席进行总结，不断提升坐席自我销售管理意识；另外通过对坐席目标的制定，从而对销售过程管理，从值班时长、出票率以及平均票价等几个关键指标入手，实现销售能力的有效提升。

2．制定了《2014年暑运国际技能接听率提升方案》并做好宣贯工作，本着自愿加班和补偿方式自愿的原则，充分调动员工积极性，从而更好地完成了销售生产工作，今年7月，生产销售贡献金额首次突破亿元大关，全体中心员工共同完成10 900万元的壮举。

3．本中心由下而上收集整理坐席提供的销售案例29起，并将整理的销售案例分析，在班前会上采用问答形式，帮助一线提高销售技巧，共培训辅导坐席315人次。

4．本中心销售管理项目和一线技能共同完成了国际转机城市速查表，帮助坐席提高国际销售效能，此举获得商委服务奖励。

5．本中心通过前期O&D业务回顾情况制定了O&D系统业务巩固计划，让93名国际技能员工对相关业务进行再学习，解决了员工对O&D系统订座操作使用问题。

四、强化服务意识和能力，提升职业化服务水准

（一）增强内部服务支持力度

1．4月起，本中心业务值班经理业务从总部正式切割，中心专家坐席全面承接本中心所有业务问题咨询及处理，覆盖7×24小时业务支撑。

2．本中心对已建立的录音库进行优化，采取便捷的网络化登录形式，对录音按照业务类型进行分类，将流程规范、业务熟练、服务热情等较好录音和典型问题录音进行保留，截至2014年9月分析及录音共录入248通。

3．新员工、转岗员工上线初期中心质检组采用录音跟听、线下辅导和在线业务支持的方式，提升其服务业务技巧，共完成新员工录音跟听230条，转岗员工录音跟听175条。

4．电话中心质检组对拨测电话录音进行分析，整理出对坐席有益的业务回答技巧和问题处理技巧，提升服务质量。

5．全面提高人员业务服务技能，促进高技能覆盖低技能，实现各技能人力资源高效利用，1～9月高技能覆盖86人次，时长148小时。

（二）加强服务质量监控力度

1．本中心按照营销中心服务绩效考核要求，制定完善中心电话服务质量检查单，开展每季度的自查和整改工作。

2．本中心每月收集外部质量反馈表，1～9月共收到外部质量反馈157份，每月按时整理《外部质量监督报告》反馈营销中心外部质量检查员。

（三）制定服务质量整改专项考核计划

今年3月，针对服务检查中呼叫中心出现的特殊服务引导欠缺的共性问题，电话中心迅速制定服务质量整改专项考核计划对一线进行实施考核，按梯度划分考核结果，并阶段跟踪措施的落地。各技能组针对考核中反馈出的业务点，进行针对性的出题自测；收集特殊服务表单，通过填写表单的方式增加实战经验；同时通过班会进行一对一的情景演练，来达到巩固提升的效果，2014年1～4月特殊服务电话拨测不合格率为60.42%，5～9月不合格率下降为10.5%，环比下降51.32%，提升效果明显。

（四）加强安全团队建设，提高员工风险防控意识

1．2014年年初电话中心制定了《电话销售服务中心岗位纪律手册》，进一步规范、强调生产经营中各岗位纪律问题。

2．按照风险防控要求，电话中心对PEK112区域所有E-TERM工号TSU\ETV\TKNE三个指令权限进行整理，非一线员工E-TERM工号全部取消订座功能，配合航信和信息管理部对部分E-TERM工号进行PID绑定，做好工号保护安全。

3．本中心对商委下发的《关于重申规范国内客票输入旅客姓名操作的通知》进行再学习，优化本中心电子客票姓名变更记录表格，明确修改责任人以及出票地，做好安全防控保障。

4．中心质检组梳理信用卡、储蓄卡支付核对流程，组织各技能班组巩固学习中心支付流程，并通过录音监控来确保流程的完整性，保障旅客用卡使用安全。

5．本中心各技能组组织集中听取盗刷录音，分析盗刷特征，严防盗刷日益翻新的欺诈手段。今年上报的疑似盗刷订单中，有32张客票确定为盗刷，因为坐席及时上报，订单拦截，为旅客挽回损失共计56 230元。

6．配合“6～10月邦达航线的开放及销售模式的调整”模式，电话中心对订单进

行监控，对坐席系统中的该航线订单进行30%的抽检。截至10月，共查询系统中订单数量1354条，订单中多航段数量24条，来电号码747通，共抽检210通，抽检量达28.11%。

7. 因社会安全形势日趋严峻，针对晚班坐席班后放弃公司住宿的相关问题，电话中心制作晚班坐席放弃住宿表并完善电话确认安全到家流程。

（五）推进高端旅客服务工作

1. 本中心做好两会运输销售服务保障工作，确保销售、信息传递的准确和及时有效。（保障两会代表共24人）

2. 本中心做好要客运输销售服务保障工作，确保销售、信息传递的准确和及时有效。（保障要客共681人次）

3. 本中心积极参与“凤翔蓝天，品味非凡”高端旅客服务项目，并将项目工作落实日常工作中，2014年1～9月高端值机共办理244人（不含随行），其中白金卡2人、金卡200人、银卡42人、随行46人，2014年1～9月成都地区始发两舱休息室推荐卡共办理362人。

4. 本中心今年新增10家大客户，截至2014年9月份，完成销售总量2017.10万元（含税），同比增加22.4%。

五、安全团队，快乐员工

（一）常态化内控检查机制，维护生产安全及人员思想稳定

1. 加强全体员工安全教育，本中心对重点环节进行安全排查，制定全年安全计划，签署责任书，落实安全管理责任。

2. 本中心全年宣贯安全生产销售底线，树立职业道德红线意识。本中心通过自查形式发现国际组各别坐席在销售经营中存在违规操作现象，针对此情况并结合《电话销售服务中心岗位纪律手册》规定对违规人员进行通报批评、绩效处罚并对违规、影响安全生产的案例进行公示和学习，以起到警示作用，提高员工自我保护意识。

3. 通过生产安全学习，员工职业敏感性同样得到提升，本中心坐席在日常接听中发现电话外包中心四川信产个别坐席在客票免费变更中出现了异常，将该情况及时进行上报，间接促进了公司对ETV指令权限规定的修改，为公司减少了不必要的损失，截止至9月，本中心共上报总部异常客票112张。

（二）营造内部文化氛围，展现员工精神风貌

1. 按照上级党委的部署，本部积极计划组织和参与党的各项活动：①积极参与中心十八大精神知识竞赛，并获得第二名的成绩；②组织支部成员学习十八届三中全会精神；③完成电话中心党员民主评议和测评工作。

2．为了丰富和活跃职工文化生活，增进广大职工的身心健康，加强相互之间的交流，增强团队意识，提高全体职工的凝聚力，构建和谐单位，电话中心积极参与到公司举办的“运动嘉年华”“五四青年节”活动中；5月24日电话中心在邻湖水庄开展了“兄弟们！战起来！”主题交流活动，为广大员工搭建了一个沟通交流、展示自我、发现自我、超越自我的平台。

暑运期间，电话中心团支部制作了精美的主题海报并搭建出简易的茶水台，为一线员工派送了咖啡及绿茶、红茶等，给大家送去了关怀和清凉。

2014年电话中心工作是有序的、高效的，取得了较好的成绩和效果，2015年电话服务中心将计划从以下几个方面完成全年任务和目标：

一、夯实基础管理，做好人员储备

1．配合总部岗位体系规划和业务变化，做好人员结构调整。

2．全面推进层级岗位上下动态机制，实现岗位与能力的有效统一，激励员工自主学习业务知识、提高综合能力。

3．配合总部运营对新排班系统进行不断完善、改进，使其更加科学合理和更具实用性。

4．对薪酬统一管理执行过程中的问题及时反馈总部，并通过薪酬绩效沟通会，配合总部不断对方案和流程进行优化、调整和完善，以利更好地发挥绩效考核的激励作用。

5．不断优化和完善周运营分析，使我们的数据分析能够更准确地反映坐席的工作状态和工作情况，以便更好地对一线工作过程进行管理，及时纠正异常情况。

6．增强风险防控意识，加强各类工号管理；并配合总部完成涉及应用系统、录音质检系统、报表系统等相关方面的工作。

7．根据电话中心发展要求，组织完成新员工以及转岗培训。

8．继续完善各技能的班组建设，创新和优化班组评比活动，维持内部相互比拼、共同进步的氛围，形成以班组为核心，班组长带头的管理局面；继续丰富班组文化，提升班组激励的作用。

二、承接新业务，迎接新挑战

根据总部统一规划，2015年信产外包业务将逐步移交本中心进行管理，其中包括业务培训，日常运营指标管理以及质量管理。

三、完善内部销售管理模式，提高中心生产效能

1．将案例销售分析整理成册，为坐席提供更全面经验分享，同时为中心累积案例库存，运用好各类销售产品，通过不同手段对产品实施进行跟踪反馈。

2. 持续推进产品分析，为坐席解读、剖析产品内容，帮助其对产品的理解，从而提高销售；将O&D上线航班电话中心销售数据细化到每日，做好舱位统计。

3. 继续加强对生产销售的监控力度，通过日、周、月的销售报表，结合坐席录音，对工作中出现的异常问题进行分析，规范员工操作，提升生产效能。

四、深化服务意识和能力，提升职业化服务水准

1. 对各级服务质量检查暴露出的问题实施纠正，并找到有效的防范措施，深入分析、查找原因、研究对策。

2. 加强员工对特殊情况的敏感性，增强危机公关的处理能力。

3. 坚持每月进行表扬评审，完成表扬评审记录及报告并做好服务信息的收集，同时做好《奖励申报》的上报。

4. 持续推进高技能转岗培训，提升业务能力。

五、参与新大楼业务需求及大楼设计建议工作，成立工作推进小组，配合分公司规划和总部电话中心大楼建设项目落地

六、增强团队凝聚力，提高员工工作激情

1. 积极参与公司“担当进取，我先行”活动，做好公司企业文化新理念宣贯，营造良好企业文化氛围。

2. 加强廉政建设，做好风险防控，强化职业道德建设。

3. 充分利用班组平台持续推进班组建设，做好岗位练兵、班组竞赛、外部门班组联谊等相关活动。

4. 面对高强度的工作压力，做好员工的情绪管理。利用培训、面对面谈话交流、班会等方式，帮助员工舒缓情绪，解决员工的实际困难，使之保持良好工作状态，提高员工对企业的信心及忠诚度。

5. 通过微信、微博等新媒体，结合板报等传统形式来营造积极的文化氛围保持员工队伍的稳定。

6. 在提高团队协作能力的同时，为提升全民身体素质，坚持组织开展健身活动，为更好的生产工作夯实基础。

7. 丰富业务日常培训方式，营造轻松愉快的学习氛围，提高业务培训的效果，通过班组建设培养组员主动学习的意识，提高主观能动性。

电话销售服务中心

2014年10月28日

范文3

述职报告

一、理论学习情况

利用营业部党支部“三课一讲”的机会以及业余时间，学习了党的十八大以来历次重要会议以及习近平总书记系列重要讲话精神，严守政治纪律和政治规矩，有坚定的政治立场，坚决拥护、贯彻和执行党的路线、方针、政策。积极参加了公司党委开展的党的群众路线教育实践活动和廉政警示教育活动，提高了贯彻、执行中央八项规定和落实党风廉政建设的认识和自觉性。在营业部高度重视廉政建设工作，先后建立了《营业部廉洁风险防控手册》和《营业部岗位纪律手册》，管理干部签订了《廉洁从业承诺书》，修订了《营业部行政管理规定》，无违规、违纪的情况发生。

二、生产经营情况

1. 2010年考核指标完成情况：2010年我部的运输收入为22 641万元，完成T2考核指标的104%，在ASK投入同比相同的情况下，运输收入同比提升14%；航站综合指标完成T2考核指标的103.77%。

2. 2010年非考核指标完成情况：2010我部的座公里收入水平为0.999，同比提升14%，贡献收入为11 395万元，同比提升27%；联程收入为338万元，同比提升62%；两舱收入为1037万元，同比提升10%。

3. 加强市场趋势的判断和信息的沟通。抓住了2010年夏秋航班换季后的10天左右的旺季，华北航线同比增加了加班数量，华东航线在继2009年加班之后，2010年继续加班，华南航线则实现了在夏秋航班换季后首次实现了加班，在2011年冬春航班换季前在本地区航线上首次实现了加班11天，这些加班取得了良好的经济效益，为今后航班换季前的生产组织积累了经验。

三、2010工作推动情况

2010年我部围绕公司2010年的工作思路，制订行动计划，积极开展了以下各项工作。

（一）强化营销管理与服务支持，系统提升销售能力。

1. 按照公司“以客户价值定位为出发点；以优化资源配置为着力点；以营销策略深化转型为关键点”的工作思路和目标，积极与总部协调联动，实施了“强化营销管理与服务支持”战略，提升区域政策投放的一致性及客户需求的匹配度，实现区域内产品政策的统一申报、发布和调整，充分利用我航的销售网络和航线网络资源，将始发的产品进行全国或区域投放，大力提升销售能力。

2. 高度重视电商销售这一新型直销渠道，将产品投放政策向电商渠道倾斜，加大

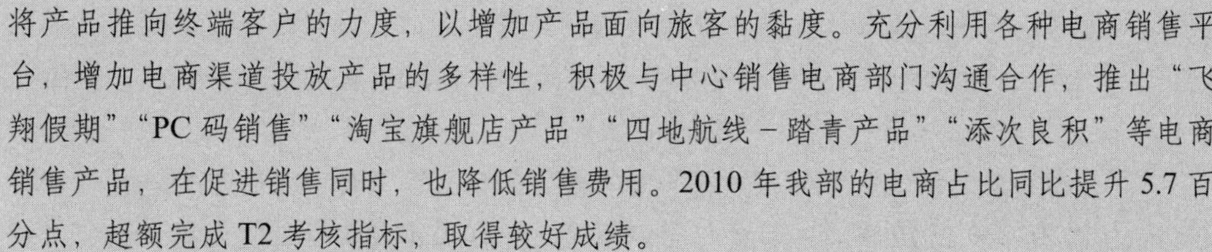

将产品推向终端客户的力度，以增加产品面向旅客的黏度。充分利用各种电商销售平台，增加电商渠道投放产品的多样性，积极与中心销售电商部门沟通合作，推出“飞翔假期”“PC 码销售”“淘宝旗舰店产品”“四地航线－踏青产品”“添次良积”等电商销售产品，在促进销售同时，也降低销售费用。2010 年我部的电商占比同比提升 5.7 百分点，超额完成 T2 考核指标，取得较好成绩。

3．充分挖掘本地有限客源，积极开展大客户营销。高度重视协议客户的维护工作，驱车 7 小时主动前往拜访地方省市政府接待办和中国黄金集团阳山金矿有限公司，截至 9 月份共进行了 12 次电话拜访，与客户进行充分沟通，及时了解各个客户的情况和出行需求，向客户宣贯我航相关政策、产品。同时，在因受国家政策影响省市政府接待办公务出行和接待量继续大幅减少、某金矿因该矿的矿产纠纷仍然没有得到解决使机票销售量受到极大影响的情况下，销售项目仍然根据客户需求竭尽全力做好为客户做好预订行前住宿房间、行前取票、航班不正常服务等服务，让客户出行感到非常方便，得到客户高度认可，取得了客户的信任。按照公司的部署，依托 CRM 系统，营业部规范了对客户的维护、拜访工作，加强了过程管理，提高了客户开发能力。

4．加大管理力度，深入挖潜，提升柜台销售量。大力支持本地旅行社的团队组织，努力提升航班的客座率。与总部航线部门密切协作，积极做好临时团队及系列团的销售，6～9 月共销售 102 万元。同时，按照中心团队管理规定，规范了对团队座位的管理，减少座位虚耗，提升航班收益。加大对柜台销售人员销售量的考核力度，建立完善对 KPI 绩效考核指标的考核制度，年初即将各项指标分解到每位员工，每月严格按指标完成情况兑现绩效，促进柜台直销量的提升。2010 年柜台直销同比提升 10%。

5．精耕细作，加强节假日及旺季等关键时间节点的航班销售情况的监控，做好市场趋势的预判与销售预案努力提升航班收益。营业部充分利用公司提供的“航线趋势预测及监控”等工具，每天 3～4 次对 7 天内以及 15 天内的各条航线的每个航班的销售以及竞比情况进行分析，加强与中心网络收益部的沟通和协调，适时进行调整舱位，努力提升航班收益，并取得良好的效果。

（二）强化基础管理，提升服务水平。

1．强化项目内自查，持续推进 CSM 服务管理体系落地，夯实柜台日常工作管理基础。建立了营业部销售柜台（日）交接记录表，在表中分“服务规范检查”“安全检查”“设施设备”三大板块进行每日自查，确保销售柜台的各项管理措施运行有效。规范使用 CSM 体系中各项质量表单，制定传递流程、规范归档管理。在中心 5 月份进行的上半年 CSM 服务质量检查中，我部是唯一没有开出整改项的营业部。

2. 为了在客户界面整体呈现出服务规范、环境有序的良好状态，实现服务呈现规范化、专业化、标准化，更新了销售柜台电脑及部分设施，规范柜台宣传品、危险品宣传单摆放。

3. 坚持每月对旅客服务界面进行一次自查，及时发现问题，并每季度进行一项不合格项的整改。在2010年，在销售柜台设置了“贵宾旅客优先”的提示牌，销售人员签订《保密承诺书》，重装系统保证柜台人员工号进入公司服务管理系统查询CSM文件、调整机场柜台位置方便旅客等4项问题的整改，使服务水平提升。推进新的服务举措，推出常旅客入会二维码牌，形成以服务促进销售的良性循环。

4. 在班组建设方面，销售项目强化实施项目内部再培训，大力提升员工业务水平。1～10月，除选派人员参加公司、中心20人次销售业务及服务类培训外，重点开展项目内的再培训，在淡季利用休息时间组织开展了35人次的项目内培训。同时，还有1人次参加“岗位技能鉴定”的理论和操作考试；选派1人参加中心“售票岗位知识竞赛”。使项目全体人员的业务和服务水平得到极大的提升，“服务质量综合评价”指标达到98分。航站项目为提高航站值班人员整体工作素质及业务能力，航站不定期进行了多次培训，交流处置航班不正常的心得和体会，取得了良好的效果。参加了公司举办的危险品运输培训，取得了“危险品运输培训合格证”。另外航站项目还邀请机场气象台人员进行了气象报文相关知识培训，为及时处置航班不正常提供了依据。

（三）加强基础建设，完善规章制度。

营业部高度重视基础建设，在全面、系统梳理营业部各岗位风险点的基础上，制定了《营业部廉洁风险防控手册》和《营业部岗位纪律手册》。制定了《营业部地面车辆交通安全管理规定》，修订了《营业部行政管理规定》。

（四）运行生产情况。

2010年本部出港航班量为1318班，不正常575班，航班正常率为57.9%，影响航班不正常因素：天气原因288班，占不正常总量的60.3%；空管原因144班，占25.0%；公司原因25班，占4.6%；其他原因62班（时刻安排36班、旅客16班、机场9班、联检1班），占10.1%，在24小时以内的航班取消49班。航站放行正常率为70.9%；关门正常率为44.5%，平均过站时间为30分钟，完成了T2考核指标。无营业部原因造成的航班延误，由于服务措施到位未发生旅客有效投诉和群体事件。

（五）安全生产情况。

1. 在航班的安全运行方面，我部航站人员有效地加强了站坪、值机、登机口等重要生产岗位的监管，每周按照坪安全检查单对机场代理人的各个环节进行检查，对机场方违反规定或规范的行为及时予以纠正，对需要整改的事项则下发整改通知书限期

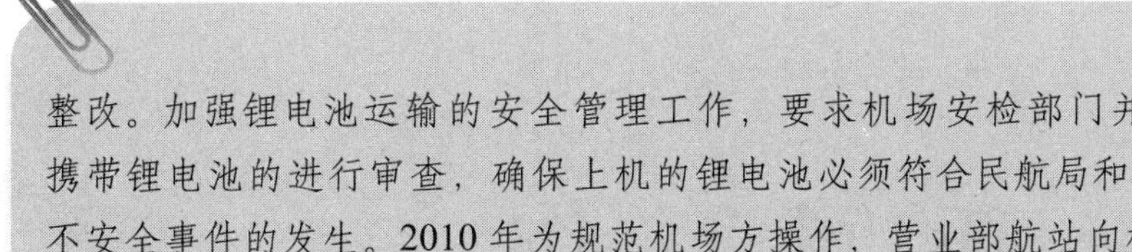

整改。加强锂电池运输的安全管理工作，要求机场安检部门并需对旅客托运或随身携带锂电池的进行审查，确保上机的锂电池必须符合民航局和公司的相关要求，杜绝不安全事件的发生。2010年为规范机场方操作，营业部航站向机场方发放多份文件及通知，包含:《中断舱单使用规范及流程》《升舱管理规定》《关于规逾重行李费用收取的函》《关于重要旅客服务保障流程的函》《持卡旅客和两舱旅客保障流程的函》《关于B6226进港停靠超出停机位线的整改通知》等，确保了我公司航班在机场的安全运行。

2. 在地面交通安全方面，针对营业部非专职驾驶人员比较多的情况制定了《营业部地面车辆交通安全管理规定》，强化了安全管理，并根据天气、道路情况做好地面交通安全的风险提示，有力保障了营业部各项生产和生活保障的顺利开展。

（六）积极应对突发状况。

1. 2010年9月1日CA3521航班发生旅客意外死亡事件，营业部按相关的规定进行了上报并成立应急小组，营业部通过对死亡家属耐心细致的服务和积极的安抚工作，得到了家属的认可，为公司有关部门后续处置并圆满解决创造了积极的条件。

2. 2010年9月17日上午，因泥石流致道路中断，造成到17、18日大量旅客滞留无法前往机场，面对突发自然灾害，营业部积极应对妥善处置。运输滞留旅客2805人。避免了因大量旅客滞留而引发群体事件的发生。

四、工作中存在的不足和今后努力方向

1. 理论学习还需加强，需要系统的学习习近平总书记系列重要讲话精神，并将理论与实际相结合。

2. 对战略指标的重视程度不够，需要大力发展常旅客会员。

3. 自助值机的使用率偏低，需要提高宣传推广的力度。

4. 积极协调分公司有关部门，在机场按照监控设备，提高航班的运行安全和航班的正常率，有效减少航班的长时间延误的架次。

5. 继续做好航班换季前的沟通和协调工作，争取在2015年夏秋航班换季时，在东北、西南线上也能实现7～10天的加班。

述职人：×××

二〇一一年二月

第四章　新闻写作

第一节　新闻概述

一、新闻的含义

《现代汉语词典》对“新闻”的解释为：①报纸或广播电台等报道的国内外消息；②指社会上最近发生的新事情。

《辞海》对新闻的解释是：①报社、通讯社、广播电台、电视台等新闻机构对当前政治事件或社会事件所作的报道。要求迅速、及时、真实，言简意明，以事实说话。形式有消息、通讯、特写、记者通信、调查报告、新闻图片、电视新闻等。②指被人当作谈资的新奇事情。

中宣部1981年对新闻的解释是：新闻反映新发生的、重要的、有意义的、能引起广泛兴趣的事实，具有迅速、明了、简短的特点，是一种最有效的宣传形式。陆定一对新闻的解释是：新闻就是新近发生的事实的报道。

综上所述，新闻就是对新近发生或发现的、有社会意义的、能引起人们广泛兴趣的事实的传播。它包含几大基本要素：新，典型性，能引发社会大众的普遍关注和兴趣，具有宣传和指导意义。

西方媒体对新闻的定义很多，比较有典型意义的定义是：狗咬人不是新闻，人咬狗才是新闻。突出说明新闻追求的是反常和猎奇，是那些最能够引发人们的兴趣点和关注度的事件。

二、新闻的六要素

新闻要素，是指构成新闻的主要因素。在传统的新闻学中，新闻有五大要素，即所谓五个W（When，Where，Who，What，Why——何时、何地、何人、何事、何故）。但在西方新闻学中还有一个观点，即除了五个W外，还增加一个H（How——怎么样），统称为新闻六要素。随着新闻学的不断发展，新闻六要素已经被越来越多的人所认同，得到各方的广泛认可。

三、新闻的特点

1．新闻要真

真实是新闻的生命。一条不真实的新闻就是假新闻，假新闻不仅会给社会传递虚假的信息，无法带来预期的社会效果，更不可能对社会行为起到积极的指导作用，反而会引发严重的不良后果，甚至可能因此引起法律纠纷。因此，维护和确保新闻真实是从事新闻工作人员或新闻写作者所必须具备的社会责任心和品德。

2．新闻要新

新闻就是新近发生的、新鲜的、新奇的见闻。只有最新的东西才具备新鲜感，才能吸引读者，引起关注，起到传播的效果。新闻不仅要新，还要选择典型的、有价值的东西，才能够产生启发和指导意义。过分追求猎奇和噱头，就忽视新闻的社会作用，偏离了新闻写作的基本特点和原则，是不可取的做法。需要提醒的是，并不是所有的已经过时的新闻都没有报道价值，都是“旧闻”，这里讲的“新”，是指新发生、新发现的事物。例如，MH370 失联事件本发生在 2014 年 3 月，对于失联事件来讲，是旧新闻，但是，这架失联的客机至今下落不明，关于它的所有最新的信息都不为过时，都是最近的新闻，是社会关注的重大消息，具有轰动性的社会效应，因而都具有新闻价值。

3．新闻要快

新闻报道要迅速、及时，才能吸引社会注意力。报道迟缓的新闻，就成了“旧闻”，无法引起社会的关注度，也就失去了其报道价值。作为新闻报道者，必须要具备敏锐的观察和洞察能力，善于抓住事物发展的最新动态，捕捉到对社会有意义、大众关注的新闻，用最短的时间报道出来，是新闻报道的基本要求。还是以 MH370 事件为例，第一时间报道的新闻，与经过转载后的新闻，所带来的社会效果是明显不一样的，说明了新闻报道的时效性的重要。

四、新闻的种类

新闻的基本分类可以按照广义和狭义划分：广义的新闻指消息、通讯、报告文学、新闻评论等，狭义的新闻专指消息，在本章中主要介绍消息和通讯的写作。

五、新闻写作的原则

1）坚持四项基本原则，自觉执行党的宣传纪律。

2）坚持真理，实事求是，用事实说话。

3）讲求时效，采写及时迅速。

思考训练

1）新闻的概念包含了哪些主要内容？

2）新闻有哪些特点？

3）构成新闻的基本要素有哪些？

第二节　消息的写作

一、消息的概念

消息即狭义的新闻，它是对新近发生的有社会意义并能引起公众兴趣的事实的简短报道。消息具备真实性、时效性及文字少、篇幅短小的特征。消息要用简短的文字反映事件客观真相，要用客观事实说话，要避免作者主观的议论和分析。

消息最明显的标志，就是在导语前面有电头或报头，如“新华社 × 月 × 日电”“本报讯”。

二、消息的种类

1. 动态消息

动态消息也称动态新闻，这类消息的特点是迅速、及时地报道社会上发生的重大事件，新人、新事、新气象、新成就、新经验，是报纸使用最多的一种体裁。动态消息中有不少是简讯（短讯），即只写事实，也不对内容进行详细展开，文字非常精练，一事一讯，通篇报道全文只有几行文字，甚至是一句话新闻。

4 月 20 日 22 点 50 分，一架编号为 B1606 的空客 A320 新机由天津飞抵重庆江北机场加盟公司机队，这是该公司引进的第二架新机，至此，公司机队规模达到 60 架。

2. 综合消息

综合消息也称综合新闻，指把发生在不同地点、不同事件、不同情况、不同特点的事物综合在一个主题之下进行报道，经过综合、概括，反映带有全局性问题的消息报道，如《讲述身边故事，传递彼此关爱》。

3. 典型消息

典型消息也称典型新闻，是针对某一单位或行业的典型经验或成功做法的集中报道，这类消息往往是概述情况，介绍经验，揭示规律，起到带动全局、指导一般的作用，如《解析中国机场碳排放现状及碳减排对策》。

三、消息的写作要求

第一，事实要准确。采写消息，一定要把事实弄清楚，并且核对无误。真实性是新闻的生命之所在。

第二，内容要新鲜。新闻选材要从“新”字着手，新的事实、新的成就、新的经验、新的见解、新的问题是消息写作的主要题材。写消息，还要力求具有一定的思想，要能给人以启迪或警示。尽管有些事实不是那么新鲜，但依然具有新闻的价值，写作时就要考虑从新的角度加以报道。

第三，报道要快。消息写作要“抢”时间，不注重时效的新闻没有吸引力，新闻就会变“旧闻”，缺乏关注，丧失新闻价值。

第四，容量要大。消息写作要求短小精干，但同时又要保证高质量，高“含金量”，即篇幅要短，内容要丰满，力求短而实。

第五，叙写要生动。消息的写作要求具体和生动。用最少的笔墨，叙写最吸引人关注、最打动人心的新闻，才是优秀的新闻消息。

第六，语言要简练。消息的写作文字要求凝练，要做到字字珠玑，笔笔传神，要用最简洁的语言承载尽可能多的信息，用生动、通俗的文字，传达消息包含的丰富内容。

四、消息的结构

1. “倒金字塔”结构

这种写作的结构，首先是要把最新、最精彩、最重要的主要内容写在开头部分，然后才写次要内容，最后结尾，这就是消息写作最常用的“倒金字塔”结构。这种结构的写法犹如“头重脚轻”或“虎头蛇尾”的态势，优点是能以开头引人入胜，抓住人心，提起读者的阅读兴趣。在对事件新闻的报道中常用到“倒金字塔”结构。

红土航空计划 10 月底开航　昆明再招成熟空姐

民航资源网 2015 年 8 月 20 日消息：8 月 28 日，云南红土航空将在昆明百事特商务候机楼（原巫家坝机场对面）举行乘务员暨安全员现场招聘会，成熟在飞人员优先录取。

此次招聘采用现场报名方式，请广大应聘者于28日上午前往招聘现场进行报名，初试、复试时间为28日09:00～14:00，终审时间为28日15:00～17:00，详细招聘简章可在红土航空官方微信、微博、民航资源网招聘频道、智联招聘网站查阅。

云南红土航空是昆明机场第六家基地航空公司，目前各项筹建工作正在有条不紊地进行中，计划将在10月底实现首航，期待天下英才加盟红航，大展宏图。

2．时间顺序结构

时间顺序结构也可以称为“金字塔”结构，这种结构一般是按照时间和事件发展的顺序来安排写作，先发生的事情写在前面，后发生的事情写在后面，写作极有场景感，非常生动，使读者有身临其境的感受。这种结构的新闻主要以细节刻画为主，故事性很强，也非常考验作者对细节描写的能力，一般用于对现场目击的报道。

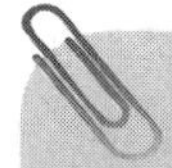

范文 4.3

全新机型湾流G500/G600参观体验

2015年7月28日，受湾流公司的邀请和公司的委派，我参访了位于美国佐治亚州萨凡纳的湾流总部。我们14名来自不同用户企业的代表首先被请到销售部会议室，在销售部门领导致欢迎讲话后向来宾介绍了G500/G600的研发和生产情况。随后安排我们参观了生产环节中的各个车间，简要介绍了生产工序。期间在试飞员Scott Martin的陪同下，我们在研发中心的模拟机上亲身体验了湾流全新机型G500/G600的舒适飞行。

一、现代化管理的企业

1．感官上的冲击

初进厂房就在视觉、听觉、嗅觉上感受到了一种现代化的气息。地面上干干净净，一尘不染。工具、设备安放整齐，没有丝毫的油渍，就像全新的一样。偌大的厂房内不同区域的员工各自忙碌着，人多却不乱。可能是设备先进的原因，宽敞的车间内竟然没有太大的噪声。车间的照明和通风是一流的，你闻不到其他工厂车间内常有的刺鼻气味。要求每人必戴的护目镜似乎也有些多余。

让我最注意的东西有两个，一个是带有DeerJet徽标的B8097，另一个是每个工段墙上贴的工作流程和注意事项，相当于把制度这面镜子挂在墙上，让工人时刻审视自己工作中的每个环节。

2．雄厚的技术研发力量

下午我们还陆续参观了全球技术支援系统、客舱设计、航电设计与测试、机体应力试验以及噪声控制实验室等。航电设计与测试这套系统建成并运行5年了，主要的任务就是破坏性使用，看看到底电子设备会出现什么样的故障，从而找出影响飞行的可能性和解决问题的办法。尽管是走马观花式的参观，但仍能感受到有着1500多名研发人员的企业，从新机型研发、试制、试飞、定型生产、交予客户等一系列的程序中，透射出的雄厚的技术力量。

……

（资料来源：http://news.carnoc.com/List/320/320119.html）

其他结构有提要式结构、散文式结构、对比式结构、问答式结构等，在这里不做详细介绍。

五、消息的构成

构成消息的几大部分主要有标题、导语、主体、背景和结尾。

1. 标题

标题是新闻的“眼睛”，标题是体现整篇消息灵魂的窗户，俗话说“看书先看皮，看报先看题”。所以，消息的标题要醒目、生动，越有鲜明个性特征，就越能体现文章的精华，也就越能吸引人的眼球。消息的标题必须简明、准确地概括消息内容，能够帮助读者理解报道的主要内容，如《女孩突发昏厥，机组果断处置》《“烧烤”模式下的机务人》《与恶劣天气“过招”》。

消息标题最常见的有单行标题和双行标题，一般有主题、副题，还有一种多行标题（三行标题），标题中有主题、副题，还有眉题（引题）。

1）主题即正题，是消息的大标题和主标题，是对消息内容的高度概括与说明，单行标题只有主题。如《国企进军“一带一路”，善御风险方能把握机遇》《机场集团开展“三严三实”专题讲座》。

2）副题又称为副标题、子标题，是对主标题的补充和说明，写在正题的下面。例如：

释放压力，快乐工作

——中心组织开展压力管理培训

传播航空知识，倡导和谐之旅

——国航举办雷雨季公众开放日

3）引题又称眉题，用来揭示原因或交代背景，起到烘托气氛的作用。例如：

邻座太胖！

英女子呼吁航空公司按体重收费

要写好标题，必须要把新闻的主要意思体现在标题之中，还要注意避免冗长、乏味，要善于运用比喻、对比、拟人、模拟、谐音等写作手法，在标题的制作上既要标“新”立

"异"，使标题生动、鲜活、引人入胜，起到夺目的效果，还要准确无误，言简意赅。

2. 导语

每一篇文章都有开头，新闻消息的开头就是导语，是组成消息结构的重要部分。一篇消息能否引起读者的兴趣，很大程度上取决于导语写作的好坏，因此导语在全文中起着举足轻重的作用。导语在消息的第一段，有时候甚至只是一句话。导语是用简明扼要的文字，概括、交代整篇新闻的主要内容，起到提示主题、引起读者的关注和兴趣的作用。

导语在一篇新闻中涵盖了整篇文章的主要内容，它包含了消息的几大要素，使读者阅读后对整篇消息的主要内容能有大体的了解。写得好的导语往往能引起读者强烈的继续阅读欲望，产生引人入胜的良好效果。导语对消息高度概括，又有着抛砖引玉的重要作用。因此，导语是对全篇文章的主题思想和写作重点的概述，是对消息核心内容的确立，是作者筛选材料，选取最能说明中心意思，最能展现消息主题和最能引起读者兴趣的真实材料的过程体现。只有导语写好了，才能为下一步主体部分的展开打好基础，铺好路子。

1）写好导语的基本要求。

写好导语就必须从以下几点着手:

第一，围绕主题，表现内容。只有在新闻六大要素中选取最具有新闻价值、最能揭示主题的要素，并进行合理组合，才能写出优秀导语。

第二，抓住重点，突出精华。要做到这一点，首先，要注意抓取消息中新闻信息量最大、新鲜度最强、最重大的事件或人物。其次，导语是全文精华的浓缩，但是又不能把话写尽，要有空间，留待后文的展开。

第三，言简意赅，简明扼要。新闻本身就要求文字简洁，导语写作更要求短小精悍，字字珠玑，要体现出"浓缩精华"的体征。好的导语，寥寥数语便能举重若轻，引人入胜。

2）导语的写法。

第一，叙述式。就是把新闻中最重要、最新鲜、最能吸引人注意的事实用概述的笔法表现出来。叙述式也是导语写作中最常用的一种方式。

范文 4.4

巨大的市场潜力已经驱使中国的航空公司前所未有地加快了拓展国际业务的步伐，而作为国际业务比重最大的中国航企，中国国际航空股份有限公司（以下称国航）表现得更为激进。

（资料来源：王潇雨．国航出击非洲：航权将是快速扩张的障碍．华夏时报．2015-10-24）

第二，描写式。选取新闻事实中富有特色的一个侧面，运用文学写法和简洁的文字进行描写，给读者留下深刻、鲜明、生动的印象，引发阅读兴趣。

范文 4.5

从首都北京来到边塞之城呼和浩特，是什么促使他毅然决然地舍弃优越的生活环境而投身于国航内蒙古公司的建设呢？让我们一起走进他的世界，品读他与众不同的签派人生。笔者第一次见到这个已近不惑之年的中年汉子时，他的眼神传达出一种睿智、阳光、坚定的信息，脸上是近乎腼腆的微笑，他就是国航内蒙古公司签派员杨明。

（资料来源：http://www.airchinagroup.com/cnah/qywh/fhjy/ygfc/07/369437.shtml）

第三，评论式。用简洁、精辟的语言对新闻事实进行评论，揭示事物的本质，引起读者关注。

范文 4.6

受益于全球经济持续好转，航空旅客运输量继续保持较快增长，今年航空旅客运输量增速将达 70%。客运量持续增长在为机场带来更多收入的同时，也带来了新的烦恼。目前，曼谷、香港、北京等大型国际机场均是满负荷运转，如果机场尚未做好持续增长的运输量挑战的准备，随之而来的将是面临乘客出入境排长队等待、机场拥挤不堪等状况。

（资料来源：全球客运量持续高涨 机场规划需“与时俱进”. 中国民航报. 2015-7-13）

第四，结论式。即在导语部分便把新闻事实的结论写出，有开门见山、一目了然的作用。

范文 4.7

为了巩固其枢纽机场的支配地位并提高利润水平，美国航企今年来彼此交换主要机场的起降时刻已渐成风尚。近日，美联航计划于今年秋季结束纽约肯尼迪国家机场的航班服务，并将其在肯尼迪国家机场的起降时刻与达美航空进行互换；达美航空已经将肯尼迪国际机场经营成了它的枢纽之一。同时，达美航空把其在纽瓦克机场的起降时刻让给美联航，后者将纽瓦克机场视为其最大的航空枢纽。

（资料来源：叶磊. 美航企互换起降时刻渐成潮流. 中国民航报. 2015-7-13）

导语写作的特点，决定了导语本身就可成为一篇独立的简讯。

范文 4.8

所订航班不存在　家庭度假离奇订“幽灵客机”

据外媒报道，旅客搭飞机可能最怕航班延误，英国一个家庭却有更离奇遭遇。他们原本通过旅游公司预订葡萄牙法鲁 10 日度假之旅，岂料出发当天抵达机场时，才发现所订航班并不存在，一家人当场吓呆。最终在航空公司协助下，一家四口被迫分乘两班航机，分两天飞往目的地。

霍尔早前透过旅游公司 Low cost holidays 花 1700 英镑订购机票酒店。但上月 25 日到达英国伯明翰机场时，却发现显示板上没有所订的航班。一家人之后前往英国君主航空公司查询，对方称他们所订的航班并不存在，航空公司亦无霍尔预订其他航班的记录。霍尔随即致电 Low cost holidays 查问，对方却回答一切无误，但经调查后，才承认是人为出错。

（资料来源：http://news.carnoc.com/list/322/322625.html）

范文 4.8 的第一自然段，即导语部分，包含了新闻写作的 6 个要素（5 个 W+1 个 H）用简洁的文字交代了整个新闻事件的主要内容，让读者阅读导语便对整个事件的中心意思有清晰的了解和把握，这段导语本身就可以成为一篇短讯。

范文 4.9

国航杭州维修基地获“中国班组建设推进模式创新奖”

5 月 21 日，国航工程技术分公司杭州维修基地受邀参加在福建厦门召开的中国班组建设最佳实践分享高峰论坛，并获得“中国班组建设推进模式创新奖”。基地 FMT 班组长作为分享嘉宾在大会上做了精彩演讲，得到与会人员一致赞扬和有关管理咨询工资的高度评价。

（资料来源：http://www.airchinagrup.com/cnah/xwzx/06/367252.shtml）

范文 4.9 是一篇简讯，全篇新闻只有一个自然段，总共两句话，文字简练，时间、地点、人物、经过、结果都交代得非常清楚、明白，没有多余的话，非常精练。

总之，要写好消息的导语，一要抓住新闻事件的核心，二要吸引读者，使其有继续阅读的兴趣，而要做到第二点就必须要有较好的写作技巧。

3. 主体

主体是消息的主干部分，是在导语的基础上，承接导语，用典型的、具有说服力的材料，引入与主题相关的事实，对主题思想进行充分的阐述，使之更加翔实、具体。消息的主体部分一般要根据主题思想的需要和材料安排由几个自然段组成，对具体事实进行进一步展开，达到突出中心的目的。这一部分的结构一般都按时间顺序或逻辑顺序写作，但无论采用哪种结构形式，都要注意先写主要内容，再写次要内容。

主体的写作应该注意以下几点：

1）紧扣主题，承接导语。

消息主体是消息的主要部分，是对导语的承接和展开，在几大组成部分中内容最多，涉及的材料最多，篇幅最长。主体的选材必须要紧紧围绕主题进行，即便是有些素材非常感人，也很生动，但是与导语所确定的要素无关，与整篇消息主题无关，就必须要割舍。要紧扣主题，根据导语要素的提示和轨迹，在主体部分逐一进行展开和阐述，不能游离于主题之外，与中心意思脱节。

2）结构清晰，转承自然。

在写作新闻主体时应该注意不能杂乱无章地把所有材料塞进去了事。在写作之前，就应该要对整个结构有清晰的安排和计划，合理布置材料。按照先后顺序或逻辑顺序，一个段落写一个意思，避免内容相互掺杂。层次要清楚，意思既要相对独立，又要在段落之间保证有内在联系，使之过渡自然，合乎逻辑。

3）语言精练，叙述生动。

新闻的写作是以叙述为主，但是消息写作“要表现，不是简单叙述”，美国新闻学者麦尔文·曼切尔认为这是消息写作的第一信条。他说：“平铺直叙，会使读者和听众处于消极的地位。表现就会使之身临其境。”要做到他所说的“表现”，就是要把简单和抽象的事物，尽量用生动、鲜活的文字进行描写，使枯燥苍白的事物变得生动、活泼，让平面的人物变得活灵活现，这样写作出来的消息往往就能收到很好的效果。

4. 背景

新闻背景，指事件的历史背景、周围环境及与其他方面的联系等。一般用在简讯之外的新闻报道中，起到衬托、深化主题的作用，也就是回答“5 W”中的 Why（为什么）。背景材料的作用是说明新闻事件的起因，使新闻更加饱满和生动，主题更加深化，又能帮助读者深刻理解新闻的内容和价值，增加新闻的知识性和可读性。背景材料可以安排在新闻的任何位置，但它是新闻的从属部分，在写作时要注意篇幅不宜过长，要避免在文中占比过大而喧宾夺主。

范文 4.10

美国交通部禁止托运电子烟

据 Skift 网站报道，美国交通部（DOT）颁布新的联邦法规，禁止乘客托运电子香

烟或其他电池供电的电子吸烟装置，以防飞行途中发生火灾。

该法规仍允许乘客在随身行李中携带电子烟，但不能在飞机上为它充电。

DOT称，自2009年至今至少有26起由于电子烟引起的爆炸或火灾，其中有若干起电子吸烟装置被打包在托运行李中。火灾通常都是由于电子烟未熄灭或是电池短路引起。1月，洛杉矶国际机场有一件托运行李由于延误而错过了中转航班，由于其内部的电子吸烟装置过热，这件行李在机场的行李区起火。

（资料来源：http://news.carnoc.com/list/327/327361.html）

这篇消息的最后一段就是新闻背景。这段背景材料通过举例具体说明由于托运中夹带电子烟，在航空运输飞行中引发多起火灾，造成安全隐患，是美国交通部禁止航空托运电子烟的原因和理由。这段材料帮助读者了解美国交通部制定禁运电子香烟规定的原因，以及托运电子香烟造成的危险。材料的加入增加了新闻报道的透明度和说服力，由此加深公众对此规定出台的理解和支持。如果没有这段背景材料，消息本身也是成立的，但新闻效果就不如前者来得明显。

范文 4.11

法航“扒衣门”当事人回忆：短信提示“快撤”

法航人事部经理格扎维埃·布罗赛塔（Xavier Broseta）在本周一的《巴黎人报》上叙述了他10月5日遭愤怒的法航职工撕碎上衣扒掉衬衫的经过。

法新社消息，这天（10月5日）上午法航的领导层与职工代表在法航总部举行企业劳资代表中央委员会会议，会上宣布了法航的整顿计划，2900个工作岗位可能遭裁减。他叙述说：“会议刚开始，气氛相当紧张。我手机上接到一些短信通知我示威者越来越靠近。上午10时15分，示威者已抵达总部附近。当时我们还认为公司总部的大门非常可靠。”

“几分钟后，事态迅速转变。我接到在外面人群中的一名同事的手机短信，短信写着‘快撤’。”

担任会议秘书的CGT工会的一名代表希望继续讨论，他认为“不应匆匆忙忙”，接下来就是“一片混乱”。

法航总裁弗雷德里克·加盖已经撤出，一些工会负责人试图保护布罗赛塔和法航领导层的其他成员。布罗赛塔叙述：“现场人群嘈杂，有人推搡我，有人撕扯我的衣服。我们试图转移到另一间办公室。我的上衣被撕碎了，我两臂夹着公文包逃出，人群在后面追赶。”

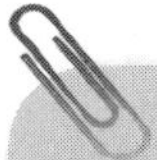

在外面草坪上，“有一个人从后面抓住我，他扯住我的衬衫衣领，非常用力，以至于衣领的纽扣挣脱。他从后面使劲扯，我使劲冲向前想逃脱。全部纽扣都扯掉了，我的衬衫被扒掉。”布罗赛塔和法航的另一名领导人攀过栏杆，逃脱了示威者的追击。

布罗赛塔随后提出了控告，因为他认为“在谈判之中不能有任何形式的暴力”。布罗赛塔指出：处分程序涉及18名法航职工，其中12人因破坏公物或以舞弊方式打开公司总部大门，其他6人因身体攻击，另外有5人因集体暴力被司法单位起诉。

法航在2012年和2014年间已经取消了5500个工作岗位，现在又想实行新发展计划，主旨是让法航飞行员每年多飞行100个小时，但与飞行员谈判失败。于是公司于10月5日提出一套整顿计划，预计于2016～2017年裁减300名飞行员、900名空姐和男服务员以及1700名地勤人员的岗位。

布罗赛塔在采访中指出：法航拟设立按员工生产力而区别的工作合同。“第一种合同是职工接受公司要求的生产指标，其薪水仍和今天一样。第二种是职工多劳多得。第三种是职工可能拒绝提高生产力，那么其报酬将减少。”

（资料来源：http://news.carnoc.com/list/327/327437.html）

范文4.11中第八自然段中“法航在2012年和2014年间已经取消了5500个工作岗位……”是新闻背景，在文中起到说明事件暴发的原因，由于这篇消息不是此事件的第一新闻，而是“扒衣门”事件的后续报道，是事件当事人对事件过程的回忆，是新闻的跟进和追踪，对已经熟悉该新闻的读者来说，事件暴发背景已经了解，不需要再做介绍，但是对于第一次读到该消息的读者来说，就是非常必要的。因此，对于背景材料的取舍和使用，要根据写作新闻的需要和时机而定，不要随意做无谓的增加和删减。

5. 结尾

消息的结尾是新闻的重要组成部分，一种观点认为，结尾可以灵活多样，根据所写消息的具体内容和报道的角度采用不同的方式，归纳起来有总结式、反问式、评论式等。但另一种观点认为，消息完全可以不要结尾，可有可无，在一些简讯中就没有结尾，由主体部分自然结尾。因为结尾和背景一样，不是消息写作的必要组成部分，在消息写作中可以没有背景和结尾，但是标题、导语和主体三大组成必不可少。

其实，越是简单的，就越是困难，越是被人认为是“可有可无”的就越是容易被人忽视，出错最多。那么消息的结尾到底应该怎么写呢？一篇好的新闻，必然是有着前后对称的，如果消息导语的是“凤头”，在写作上要求精益求精，那么结尾就是“豹尾”，一定要求真求美，不能将消息写成“虎头蛇尾”。

下面介绍几种消息结尾方式。

1）引语结尾。

范文 4.12

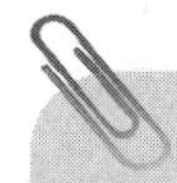

活动最后，周继红表达了对未来彼此之间交流的期待，她说："这次来的都是积极要求入党的年轻同志，'80 后'有 20 多位，这次活动让我感受到国航精益求精、不断进取的精神，对年轻人来说也是个很好的学习机会。"

（资料来源：国航北京销票处党总与广电局国际合作司党总支举行共建活动．中国航空．2015-7-20）

范文 4.12 中当事者的话说完，消息也就随之结束，全文戛然而止，这条结尾称为引语结尾。

2）补充式结尾。

范文 4.13

在巴州轮台，调研组实地查勘了轮台机场预选场址，并听取机场规划选址介绍。周来振表示，机场选址要科学论证、合理规划，与城市规划相适应，兼顾与邻近运行机场的竞争和互补等众多因素。他希望对轮台机场项目进行深入细致的再论证。

民航局相关司局、新疆管理局主要负责同志和新疆集团主要负责人参加座谈和调研。

（资料来源：http://news.carnoc.com/list/326/326567.html）

范文 4.13 以一条补充信息作为消息结尾，干净利落。这种结尾适用于具有概括式导语的消息，即按重要消息降序排列的写稿方式，结尾采用其他的事实，是硬新闻写作中比较常用的一种方式。

3）悬念式结尾。

范文 4.14

至此，事情得以圆满解决。假期结束后，电商销售数据显示，由于团购产品价格修改及时，仅一天半的时间即多卖出去了 60 张机票，增加销售额 3 万多元。金额虽然不多，但对于该航班的淡季营销起到了积极的促进作用，那么这种形式的团队产品是否适用于所有节假日？在下一个假期来临之际，是保持原有产品价格水准，还是在投放产品之前也要对价格进行修改呢？

悬念式的结尾经常用于系列新闻报道，这一技巧的使用引起读者对续集的强烈好奇，迫使读者产生继续阅读的欲望。

4）评论式结尾。

范文 4.15

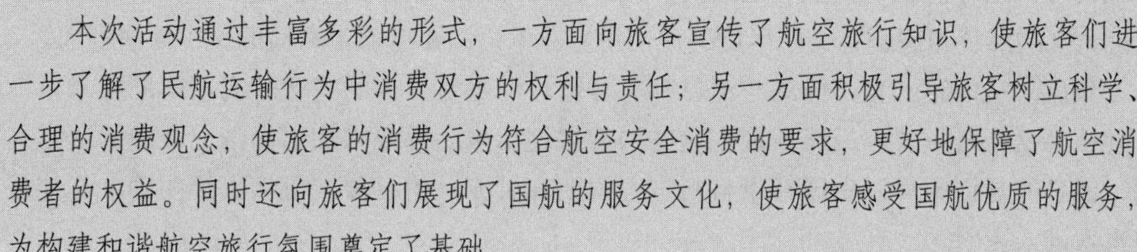

本次活动通过丰富多彩的形式，一方面向旅客宣传了航空旅行知识，使旅客们进一步了解了民航运输行为中消费双方的权利与责任；另一方面积极引导旅客树立科学、合理的消费观念，使旅客的消费行为符合航空安全消费的要求，更好地保障了航空消费者的权益。同时还向旅客们展现了国航的服务文化，使旅客感受国航优质的服务，为构建和谐航空旅行氛围奠定了基础。

范文 4.15 是在企业新闻报道中常见的结尾方式，用简洁的语言对消息事实进行归纳评述，同时也兼含总结的意味。以新闻学“以客观事实报道新闻”的观点看，这种结尾被认为是一种病句，因为这段评论明显不是来自新闻当事者，而是消息作者自己的主观议论，因此是违背客观报道新闻原则的。但是，在企业消息写作和报道中，作者大多来自机关或是基层员工，是非新闻专业人员，写作消息时风格比较自由和随意，这种结尾的使用也非常普遍，常被内部刊物认可和刊发。但是，在使用这种结尾时，还是应该注意要尽量简短，并且要紧紧围绕事实三言二语结束。

总之，消息的结尾写作不仅要避免“虎头蛇尾”，也要防止尾大不掉，狗尾续貂。结尾写得好能够使整篇消息在形式和结构上更加完整和完美，也能对主题起到画龙点睛的作用，使主题得到进一步的深化和提升，甚至产生振聋发聩、引人深思的效果。

六、消息与信息的区别

消息与信息乍一看只有一字之区别，但两者之间却有一些明显的差异。在写作时必须要分清两者之间的不同和相同，才能避免混淆，写好消息和信息。

简单地说，信息是通过语言、文字、数据、数字、图像、声音、情景、表情、符号、状态等载体传递的内容。信息是客观事物运动状态和对事物运动状态的描述。企业机关单位最常使用的一种事务文书，俗称政务信息，是用较短的篇幅、最简洁的文字，及时准确将单位的新情况、新问题收集、整理，提供给领导，帮助领导决策和管理工作的一种文字汇报形式。而消息则是一种新闻的体裁，是面向社会大众传播新近发生事件的报道。可以这样理解：信息是“耳目”，司职收集，消息便是“喉舌”，负责传播。

消息和信息在特性和写作上既有相同之处，也存在差异。

首先，消息的标题可以有引题、主题和副题，而信息一般只有单标题，即只有主题，没有副题，只有在主题需要特别说明和补充时，才有副题，但绝对不能有引题。此外，消息都有讯头，用以标注消息的来源，如“本报讯”、“据新华社 3 月 20 日电”等，但是信息不需要标注信息出处，所以没有讯头。

其次，从语言上看，信息要求文字更加简洁、明快，有一说一，不需要修饰用语。三言两语，直截了当，不求深和透，把事情说清楚即可，要力求言简意赅。而消息作为新闻体裁则可以进行渲染、铺垫和适当的评论。同时，消息作为面向社会的一种新闻文种，要考虑大众的阅读和理解感受，尽量避免使用专业术语，要用通俗易懂的文字写事写人。

最后，从内容上看，信息与消息都有导语，但是对导语的写法却有不同的要求。二者的导语都是把最重要、最能表现主题的内容展现出来，都要求使用简洁、准确的语言。但是，消息的导语中可以出现背景材料进行说明和补充，信息要求更加直接明确，往往是单刀直入进入主题。

另外，二者都要求具有真实性和时效性。

总之，消息和信息有着密切的联系，但是，信息与消息并不是一回事，要明确分清，不能等同。在日常生活中，人们常常误把信息等同于消息。例如，把读报、收听广播或收看电视等理解为接收信息。正确的解释应该是：人们从报纸、广播和电视等媒体中得到的都是消息，但这些消息之中却包含着来自社会四面八方、各行各业大量的信息。

在写作时应该如何区分和处理消息和信息呢？一种非常简单的方法就是：为向新闻媒体投稿所写的就是消息，向上级部门和领导汇报就写信息。消息可缩写为信息，信息经过进一步的加工、扩充、润色即可成为消息。掌握了两者不同的写作方法，在只有一份材料的前提下，就可以做到两者兼顾。在实际工作中，进行这样的写作，便能做到既完成了新闻报道稿件的创作，又完成了政务信息的报送任务。还可以通过这样的写作练习，锻炼写作技巧，丰富写作经验。

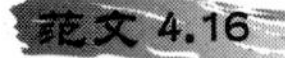
范文 4.16

信息月报

×× 分公司全面启动“安全生产月”活动

6 月是全国“安全生产月”，根据上级单位和有关部门要求，×× 分公司于近日下发了《关于开展二〇一五年“安全生产月”活动的通知》，正式启动“安全生产月”活动，并就活动开展做出部署和要求。

今年“安全生产月”活动主题是“加强安全法治、保障安全生产”。总体要求是“以党的十八届三中、四中全会精神和习近平总书记、李克强总理关于安全生产工作的一系列重要指示为指导，通过开展系列结合实际的安全生产宣传教育活动，创新宣

传教育方式方法，普及安全知识，弘扬安全文化，不断推动安全生产和职业健康工作，有效促进依法治安、科技兴安、打非治违等基础工作落实，防范和坚决遏制重特大运输航空事故，提升分公司安全文化建设水平，确保西南区域的持续运行安全”。

“安全生产月”期间，分公司成立了“安全生产月”活动领导小组，并从理论学习、警示教育、应急演练、隐患排查、安全文化精品创作等方面，对活动内容进行了部署，务求活动取得实效。分公司要求各单位要高度重视，加强组织领导；营造氛围，加强宣传教育；统筹安排，做好安全工作。要以“安全生产月”活动为契机，强化全员安全意识和规章意识，加强安全文化建设和工作作风建设，进一步夯实安全基础。活动强调，6月正值高温雷雨季节，逐渐进入生产运输的高峰期，务必合理分配精力，抓好工作落实，把活动融入实际生产中；尤其是要清醒认识近期行业内严峻的安全形势，以及当前分公司的安全运行情况，认真开展夏季安全教育，防范夏季运行风险，确保夏季运行安全。

范文 4.16 中的导语用极其简洁的文字概述了全篇主要内容，单刀直入，切入主题，没有像消息一样插入背景材料，非常明确和精练、短小。

思考训练

1．根据要求，进行拟写。

1）阅读消息，拟写标题。（不超过 15 字）

① 春天渐到，万物复苏，大地上的每一个角落都充满了春天的气息。又一年植树节，3 月 12 日，在公司领导的带领下，各管理单位的志愿者们于早八点半在公司运行区集合完毕，用实际行动响应“美化环境，清新空气”的号召。

在植树现场，大家挥动铁锹，扶正树苗，填土踩实，提桶浇水，植树现场一片繁忙。经过大家齐心协力的劳动，30 余棵樱花树稳稳地扎根在湿润的土壤里。一棵棵新栽树苗迎风挺立，将公司运行区植树现场点缀得春意盎然，添了一片新绿。活动后，志愿者们纷纷表示，当前环境问题日趋严峻，我们更应该用实际行动将这环保之树种于每个人的心间，少开一天车，少用一张纸，将“低碳环保”的生活理念落实到平日的每一个小细节中。

② 巴黎当地时间 9 月 1 日，来自法国航空公司的最新消息称，负责调查 7 月法航“协和”客机失事原因的技术小组已经得出了初步的结论，根据这个初步的结论，剩余的“协和”式客机可能永远也不会再飞行了。

法国飞行事故调查局的这份调查报告称，调查小组在初步调查后没有发现太多新的证据，不过根据失事飞机的机组人员与机场控制塔人员的对话可以看出，机上人员对飞机发动机出现的故障并不知晓，他们是在控制塔人员告诉他们飞机起火后才发现飞机发动机发生故障的。

在此次事故中，机上的 109 名乘客和机组人员全部丧生，另有 4 名地面人员惨遭不幸。法国飞行事故调查局的官员们于今天就此事举行新闻发布会，通报他们的初步调查结果。飞机具体的失事原因目前仍不清楚，不过调查人员们认为爆裂的飞机轮胎有可能是导致此次悲剧的重要原因。

目前，人们对于剩余的“协和”飞机是否能够继续飞行普遍心存疑虑，由于这种飞机造价昂贵且改进费用极高，因此许多人认为这种一向被看作是高贵象征的超音速客机可能会就此停飞。

③ 据美联社、路透社 9 月 9 日电，西北航空公司在周六说，它将加入国内其他航空公司对国内机票涨价的行列，对每张来回机票增收 20 美元燃料附加费，其涨价的原因是飞机燃料费用居高不下。

全国六大航空公司最近都相继涨了飞机票的价格，它们依次是联合、美洲、三角洲、西北、大陆和美国航空公司。大陆航空公司在周四宣告涨价，到周五，TWA 和联合、美洲、三角洲都说他们将要涨价。

名列第四的西北航空公司，在今年至少已涨了两次价，分别是在 1 月和 3 月。公司发言人奥斯汀说，涨价是由于燃油价格上涨而造成的，“燃料价格数年来一直实质上不断在涨价，对我们而言，燃料是一项巨大的开支。如果只增加 1 美分，我们一年就要多增加 2000 万到 3000 万的开销。”西北航空公司同时还宣布，在其国际航线上，取消一等舱服务，代之以商务舱和二等舱。

排名第六的美国航空公司，对国内的来回机票也涨了 20 美元，这是该公司今年第四次涨价了。这是因为原油价格一直在上升，这个月达到了十年来的最高点。周五，在纽约商业交易所的原油价格达到 33.6 美元一桶。航空公司分析师巴特立克说：“附加费是对燃料价格直线上涨的一种调节，但这并不意味着顾客会继续急不可待地预订机票。”

西南航空公司是美国第七大航空公司，是低价票的主要供应者，它的票价与其他六家不同，它没有增收燃料附加费。

2）仔细阅读下面两则消息，认真思考，分别用一句话概括主要内容。

①【法新社巴黎 10 月 20 日电】法航 4 家飞行员和机械师工会展开罢工，要求实施 35 小时工作制，20 日的短程和中程航班受到很大影响。这是从法航网站获得的消息。

巴黎—图卢兹的半数航班，图卢兹—巴黎、巴黎—马赛、巴黎—波尔多、波尔多—巴黎、巴黎—里昂、里昂—巴黎 1/3 的航班取消。其他航线的情况是，尼斯—巴黎 33 次航班中取消 6 趟，巴黎—尼斯 28 次航班中取消 5 趟，巴黎—蒙彼利埃 18 次航班中取消 5 趟，蒙彼利埃—巴黎 40 次航班中取消 10 趟，巴黎—斯特拉斯堡 30 次航班中取消 6 趟，斯特拉斯堡—巴黎 31 次航班中取消 5 趟。

法航指出 20 日共取消了 100 来次短程和中程航班。21 日周六，法航 100 多个国内航班将受到影响，许多航班将有推迟与取消的现象。共有 4 家工会提出 10 月 20～23 日罢工 4 天的通知，它们要求法航领导部门展开减少月度工作时间的谈判。

这是法航技术航行人员在5个月的时间里就35小时工作制展开第5次罢工，法航其他类别的工作人员已就实施35小时工作制达成了协议。这4家工会曾于9月22～24日罢工，结果取消了许多国内航班。

② 伦敦当地时间10月16日消息，遭到劫持的沙特阿拉伯航空公司波音777-200型客机上的多数乘客周一终于抵达了他们的目的地伦敦，这距离他们开始这段航程已过了40小时，其中充满了煎熬与胆战心惊。

飞机在被劫持到伊拉克首都巴格达后，伊拉克当局与劫机者进行了数小时的谈判，最后劫机者投降，和平释放了所有人质。周日晚间，在伊拉克方面的安排下，这架沙特阿拉伯客机从巴格达返回了沙特阿拉伯，一些着急回家的乘客穿过跑道前往等在机场上运送他们飞往伦敦的另一架飞机，只有7人取消了前往伦敦的旅行计划。

而在英国伦敦的希斯罗机场，有些乘客的家属周一提前4个小时就等在那里迎候自己的亲人回家。其中一位乘客的祖父拿着自制的标语牌，上面写着“感谢萨达姆与伊拉克人民照顾了这次劫机事件中的无辜乘客”。

与此同时，沙特阿拉伯内政部长周一对记者称，沙特阿拉伯将竭尽全力将劫机者引渡回国接受制裁，他们已经确认了劫机者的身份，根据沙特阿拉伯国内法律劫机者将被处死。目前尚不清楚伊拉克方面是否会引渡这五名劫机者回沙特阿拉伯受审，因为两国自1990年海湾战争爆发后就已断交，但在海湾战争之前两国签有引渡条约。

③ 据台湾“中央社”报道，两岸交流日趋频繁，直航供不应求。受此利好消息影响，台湾航空双雄——台湾“中华航空股份有限公司”（China Airlines Ltd.，简称华航）、台湾“长荣航空股份有限公司”（EVA Airways Corporation，简称长荣航空）去年营收同步冲上历史新高，年增逾四成；长荣航空的营收更首度晋级千亿（新台币，下同）俱乐部。

2010年全球经济复苏，带动航空业成长。更为重要的是，两岸交流日趋频繁，两岸陆续有上海世博会、上海虹桥国际机场与台北松山机场对飞、台北花博会等题材，致使两岸直航载客率居高不下。

受此利多激励，台湾航空双雄去年累计营收冲上新高，表现亮眼。台湾航空双雄今日公布2010年12月营收：华航12月营收为114.22亿元，年增4.82%，月增1.9%；长荣航空12月营收为86.68亿元，年增10.44%，月增4.5%。而在全年营收上，华航全年营收为1381.4亿元，年增40.77%；长荣航空则是首度晋身千亿俱乐部，全年营收1044.1亿元，年增42.5%。

3）阅读下则消息，补写导语。（字数不超过200字）

7月10日，受特大台风“灿鸿”的影响，华北地区大面积航班开始被取消和延误，95583电话出现严重拥堵，18:00，成都电话中心接听率急剧下降到68.8%，服务水平降为12.1%，在线等待的电话量居高不下，始终保持在230通上下。见此情景，成都电话销售中心领导立即指挥先期已经在岗应急的坐席延长支援时间，同时在部门“公共应急”微信群发布黄色预警信息，要求所有应急小组成员做好应急准备，随时到场。根据现场严重的电话拥堵情况，电话中心领导亲自指挥，要求3名现场经理全部到场，分散到几个坐席区域，为坐席提供业务支持，并立即组织第一应急小组即刻赶赴坐席区支援，10日当天上线紧急支援人次便达到60人次。鉴于10日情况紧急，业务压力骤增，本已下班的3名后台票审员主动留下，一直加班到凌晨3点。而场外在家休息的员工也频频通过微信等联络方式，与单位始终保持着联系，时刻关注拥堵情况，焦急地等待着应急号令。

台风肆虐，电话拥堵状态显示屏频频亮起红灯，为确保应急方案的高效、持久，电话中心按照应急预案分别做好11日和12日两天的应急人员布置，根据现场突发的情况，临时将不同时间段上下线应急的坐席进行重新编排，让第一批队伍与最后一批队伍尽最大可能错开，让后台有充裕人员轮流到一线，利用排班的优势，合理调配，争取最大空间和时间，使每一批支援的坐席梯队都能得到充足的休息，更让高峰拥堵的电话量始终无法找到突破的缝隙，就像一只被关进笼子的无头苍蝇，只能疯狂地四处乱撞。最终经过持续两天三夜的紧张、艰苦的拉锯战后，拥堵的电话量如强弩之末，渐渐失去张牙舞爪的势头，一步步节节败退，截至12日19:00，电话中心接听率已经上升到85.9%的正常水平，服务水平提高到57.68%，居高不下的拥堵状况得到明显改善，轮番上阵作战的各路人马第一次得到喘息的机会，看到大屏幕上拥堵显示的指示灯亮起越来越多的绿色，大家紧绷了两天三夜的神经终于松弛下来，长长地出了一口气。

本次因台风“灿鸿”作乱，涉及、导致103个航班被取消和延误，成都电话中心发出“黄色预警”，各项目负责人、技能组主管、应急小组包括休息在家的坐席人员，历时两天三夜，自上而下，通力配合，全力以赴，其中经历了多次因势重排，合理调配人员，灵活安排施救，过程紧张、复杂，但却有条不紊，忙而不乱，一共组织134人次应急支援，时长330.8小时，终于顺利、圆满地完成了应急支援任务。此次应急，也使电话销售中心的应急支援系统、人员业务素质、团队的合作配合等多方面工作再一次受到检验，为进一步强化和完善组织管理机制奠定了坚实的基础，积累了宝贵的经验，对成都电话销售服务中心的发展有着积极的重大意义。

4）根据下面消息，用一句话概括结尾。（不超过20个字）

马航从10月1日至明年3月31日推出“认识马来西亚”特别假期配套餐，让文莱各界人士以优惠价格赴马来西亚旅游。

“认识马来西亚”配套包括三天两夜哥打京纳巴鲁、三天两夜古晋以及三天两夜吉隆坡游配套，包括两晚酒店住宿，价格非常低廉，令人惊喜。就以三天两夜哥打京纳巴鲁游来说，下榻的酒店分别有香格里拉、唐朝大酒店、KARA MUNSING、PROMENADE、PACIFIC SUTERA、NEXUS RST.KARAMBUNAI和MAGELLAN SUTERA。成人价格由200～360林吉特不等，视酒店与房间选择而定，儿童则是140～200林吉特。

另外，三天两夜古晋游则下榻在大中酒店、假日酒店RST.D.L.、CROWNE PLAZA RVR.KCH或希尔顿酒店，成人价格由285～380林吉特不等，儿童价格则是220～255林吉特不等，视酒店和房间选择而定。

至于参加三天两夜吉隆坡游的顾客可以选择在 CITY VILLA、CAPITOL、FAIRLANE、联邦酒店、MINGCOURT VISTA、DORSETT 丽晶酒店、CROWN PRINCESS、PAN-PACIFIC、吉隆坡希尔顿酒店、PARK PLAZA、PARK ROYAL、ISTANA 或 SUNWAY LAGOON 酒店下榻，成人价格由 400～585 林吉特不等，儿童价格则是 300～375 林吉特不等。

这些配套均包括了来回机票、两晚的酒店住宿以及早餐。自机场到酒店的交通费不包括在内，上述配套所有的航程必须由文莱为起点和终点。

2．将下面所给材料改写为消息，要求字数不超过 1200 字。

在 2014 年 1 月 31 日～2 月 6 日的 7 天春节“黄金周”销售中，某营销部紧跟市场、提前预判、积极筹谋，取得了客座率和整体收益双提升的喜人成绩。在春节“黄金周”期间，国内航线整体客座率达 91%，座公里收入水平达到 0.594 元，同比 2013 年农历增长 0.04 元。尤其是始发站出港在同比 2013 年农历增投 17% 的情况下，座公里收入水平为 0.568 元，同比增长 0.046 元。而国际、地区航线在运力投入同比上升 28.9% 的情况下，客座率达到了 87%，同环比均有增长，实现了 2014 年的“开门红”。

为了更好地抓住春运销售契机，营销部在 2013 年第四季度便根据中心春运工作进度表的要求针对春运重点工作制定了详细的操作方案，并提早组织落地实施。节前，对收集到的各类春运市场信息进行了专题分析，同时根据航线销售情况及订座趋势预判，在“黄金周”期间对节中北京、广州线的早班及节后的北京、广州、深圳、上海等重点航线和两舱进行了政策的专项调整，以适应市场变化及竞争的需求。

针对国际航线销售，营销部根据去年出境游市场对春运期间的旅客流量进行了提早预判，基于中国台湾、中国香港、新加坡航线需求增长较快的情况，建议加班或改大机型，此举不仅使销售机会增多，而且让航班收益在春节旺季期间达到了最大化。其中台湾线共加班 4 班，运力投入较同期增加，客座率和票价水平、收入等指标均正向增长。新加坡航线在外航增投、境外销售下滑的情况下，抓住春节需求，换大了机型，最终预估收入同比有所增加。尤其对于去年新开的重庆—法兰克福航线，销售人员对渠道采取淡旺季捆绑、严格考核成行率的措施，同时对春运产品进行重新包装，让产品更加贴近市场，相对于国内游价格优势更加明显。据了解，春节“黄金周”期间，重庆—法兰克福成团率达到了 92%，环比提升 30% 以上；边际贡献率为 9.6%，环比提升 3.6%；客座率为 84%，在公司所有欧洲航线中排名第三。

在全力做好春运销售的同时，该营销部的服务工作也并没有懈怠。春运前，为了规范代理渠道的销售行为，做好旅客服务工作，下发多份相关业务规范通告，如《关于春运期间客票销售规定的通知》《关于重申客票销售规范的通知》，同时及时下发了《关于对 ×× 航空服务有限责任公司违规销售行为的处罚通告》，警示代理，避免春运期间进行违规操作，减少春节期间旅客服务投诉。同时全面实施了客户经理现场驻点服务，深入销售一线为代理人答疑解惑，缩短了服务链条，加快反应速度，助力春运销售。

3．阅读以下消息，分析这篇消息在主旨、结构上有什么特点，并将其改写为一篇政务信息。

增运力　把节奏　优结构
做好2010年春运运力安排

一年一度的春运是每年的开门攻坚战。如何打好这一仗，实现“开门红”，年年都是重头戏。为此，运管部积极与相关部门沟通，了解市场需求，并结合飞行、机务等保障部门的综合保障能力，在时刻资源紧张的情况下，克服重重困难，确保保障能力和航班投入的精细化匹配，合理编排航班时刻，安排备机，有效保障春运工作有序进行。1月9日～2月24日，执管运力共加班940余班次，新增投入座位达13万多个。

增加运力　匹配市场热点需求

四川是外出务工大省，从江浙、广东等地飞往省内的航线成为加班热点。为此，运管部在泸州、达州、万州和宜宾等地往返广州的航线上都安排了加班，从1月9日开始，一直持续到春运结束，并结合市场和收益情况，各有重点。其中泸州—广州110班次，达州—广州87班次，万州—广州104班次，宜宾—广州计划加班69班次，合计370班次、34000多个座位。另外，在时刻紧张的情况下，春运期间积极协调总部运力抽调宽体机（A33C、A33H和A33A各1架）执行航班，成都—广州和绵阳—深圳航线各调整4个航班为宽体机，并留有重庆—广州航线3个航班可调整为宽体机的机会。

除华南外，藏区航线和旅游热点航线也是关注的重点。重庆—拉萨航线投入加班76班次，成都—林芝航线74班次，成都—邦达航线35班次，合计185班次、33 000多个座位；相比2000年春节，今年在重庆—三亚、海口航线换为宽体机的基础上每天再加1班重庆—海口航线，同时从大年三十到初七成都—丽江、重庆—拉萨航线共投入11班次加班。另外，在预计新开成都—阿克苏航线效益优良的情况下，春运期间积极申请并安排了15个班次加班，春运期间截至2月9日，成都—阿克苏航线边际贡献率达到35%。

国际和地区航线上，重庆—台北线投入5班次加班，加德满都航线上投入4班次加班，在中国香港、新加坡等航线上则采取更换大机型的方式增加运力投入。

把握节奏　将好钢用在刀刃上

根据往年经验和今年对市场趋势的监控，春运期间整体客流呈现波浪形分布。从1月9日起，进港客流开始启动，节前2～3周进入高峰，外地打工者和学生回乡探亲旅客形成回流客流，这股客流一直持续到除夕当天，初一到初四处于波谷，客流相对比较平稳，从初五开始，度假后的外出打工的人和外出旅游的游客开始出行，形成节后

旅客高峰期，一直持续到整个春运结束。根据节前、节中、节后市场热点分布不同的特点，在节前和节后主要针对华南和藏区航线安排加班，节中在高收益旅游航线增加投入，安排了丽江和九寨加班。

优化结构 提升资源使用效率

运管部多方协调，为有限的生产资源想办法、找出路，制定了多种不同运力方案并对其进行验算、论证，几易其稿。为提高资源使用效率，相对往年春运中心对正班时刻进行了大量调时，最终对10个航班的时刻进行调整以利于运力衔接，包括成都—广州、深圳、乌鲁木齐、三亚、南昌、厦门等线，较好地提高了在册飞机日利用率。春运期间截至2月9日，运力在册飞机日利用率同比去年提升0.2小时，其中主力宽体机A33C和A33H在册飞机日利用率同比增长3小时，为降低公司运营成本、提升效益打下了良好的基础。

另外，根据机场反映，往年春运期间由于天气原因，达州早晨的航班容易长时间延误并且导致后续航班相继不正常。为了避免类似情况出现，2014年春运期间中心将广州—达州航班调整为中午以后始发，将广州—泸州、万州航班调整为早上广州出港，在截至目前的实际执行中，较好地避免了因达州航班的延误而影响后继航班，有效地保障了现场运输。

思考训练

1）新闻报道为什么要用事实说话？写作中如何做到用事实说话？

2）如何才能提高消息写作的时效性、可读性？

3）消息体裁的特点表现在哪些方面？

4）导语在消息写作中的基本任务和要求有哪些？

5）消息主体的任务是什么？怎样写好消息的主体？

6）消息的结构和结尾有哪些形式？不同的形式对新闻报道起到怎样的效果？

第三节 通讯的写作

一、通讯的概念

通讯是新闻报道的主要体裁之一，它是由消息发展而来的。通讯通过运用叙述、描写、评论等多种写作手法对事件和人物进行报道，因此，通讯报道比消息更深入、全面、详细、具体和生动，因此也就更具有感染力，篇幅也更长。

二、通讯的分类

通讯一般可分为人物通讯、事件通讯、工作通讯和概貌通讯等。在日常工作中，最常用的就是人物通讯和事件通讯。按照形式划分，还有特写、随访、特稿、速写、专访、礼记、见闻等。

1. 人物通讯

人物通讯以人为中心，着重报道各行各业的人物的事迹，以揭示人物的思想境界为主要内容，即通过人物的行为塑造人物形象。这类通讯的报道，着重从多角度入手，如写人物一生的经历，或选取人物生平的某一个阶段，或者是报道人物的某一个方面；也可以就人物的某一特点进行报道，还可以是对群体人物的报道。但无论是采用哪种角度，都力求深入刻画人物的个性，注重对精神面貌的描写，追求细节的精致，要把人物形象刻画得活灵活现，才能使人物丰满和有立体感。

范文 4.17

化验员李军莉，全能的航油之花

姓名：李军莉

单位：中国航油湖北分公司机场

职务：化验员

李军莉，是中国航油华南蓝天航油湖北分公司机场油库的一名普通的统计化验员。文静温婉的她八年如一日扎根在航油一线，工作积极主动、认真细致，受到各方认可。面对化验室少一人、同事抽调备战计量大赛等多种情况，李军莉主动挑起工作大梁，优质高效地完成了湖北分公司 2014 年化验工作。

不计得失，主动担当

因工作原因，湖北分公司化验室人员工作岗位发生变动，由 3 人减少到 2 人，而统计化验室工作量不仅没有减少，反而有所增加。对李军莉一名女同志来说，既要做好实验室航油检验和实验室设施设备维护保养工作，还要参加铁路油槽车的油品计量测量、取样检验、卸油作业，甚至通宵参加卸油，协助和指导油库现场值班员进行油品质量检查等。在人员缺少、工作量增大的情况下，她协助实验室主任很好地完成了全年的工作，得到领导和同事的称赞。

每年四五月份，实验室人员需要外出校验流量计。由于 2013 年化验室只有 2 名员工，此期间的化验工作就李军莉一人负责，不论是油罐内油品检验，还是现场油品质量监控检查，以及油品计量相关作业事项，虽然都是她一人承担，但所涉及的工作都能及时、较好地完成。了解计量化验工作人可能知道，它对于时间的要求特别苛刻，

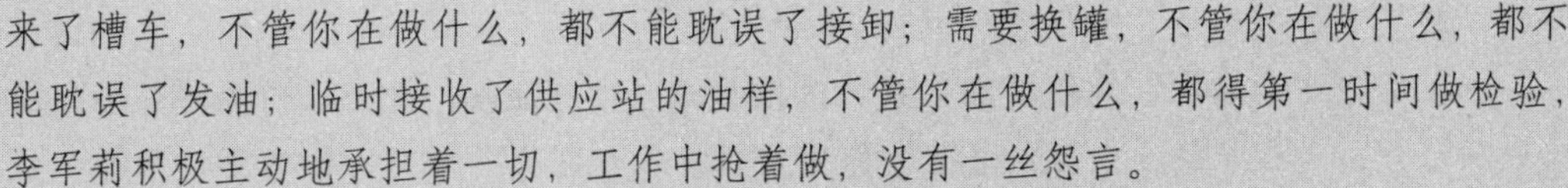

来了槽车，不管你在做什么，都不能耽误了接卸；需要换罐，不管你在做什么，都不能耽误了发油；临时接收了供应站的油样，不管你在做什么，都得第一时间做检验，李军莉积极主动地承担着一切，工作中抢着做，没有一丝怨言。

不怕吃苦，迎难而上

在华南蓝天计量大赛选拔比赛与集训时期，机场油库副经理陈细焱与化验室主任曾汉章先后多次抽调至广州备战。虽然留下来的工作任务很重、压力很大，李军莉还是对两位领导说："你们赶快抓紧看书复习啊，其他都交给我。你们一定放心，只要我能做的，我都会全力去完成好……"就这样，在那个酷暑高温的夏天，李军莉基本扎进化验室，沉心静气地化解压力、冷静细心地面对困难，每天用手机传检验合格证照片与身在广州的陈经理、曾主任一起仔细核对，一遍遍严把航油质量关，切实做到了特殊情况下工作的优质与高效。

除此之外，在六七月份暑运期间，武汉机场油库铁路油槽车接收量大，每次卸油作业时间长，多是通宵卸油作业，特别是接收非专用系统来油时，需要安全有效地做好油品质量监控，也增加了接收油罐转换作业频次和油品检验频次，由于来油厂家不同，批次密度相差较大，油料入罐后常常出现分层，同样要增加取样数量和检验次数。每次检验完成，她及时将相关数据反馈到库领导，提示值班人员和现场操作员，便于油品质量、数量的监控和管理。由于化验室另一位管理人员要参加收油作业，两个月的油品取样、检验工作全部由她一人完成。不管是白天还是黑夜，或是周末，只要有检验任务，她都加班加点完成，对这样的工作安排也没有任何抱怨，而是欣然接受。除了化验本职工作，李军莉还特别乐于帮助同事。当她看到库站接收油槽车人手紧张，每次完成了自己分内的计量化验工作后，就留下来和同事们一起并肩战斗。作为机场油库少有的女性，大家也都不忍心让她如此在烈日下暴晒，但却总能在每个作业现场看到她倔强的身影。

立足岗位，展现价值

李军莉是个全能型的员工，她的全能不仅体现在她作为一名化验员，对油库现场生产操作全面的掌握，更体现在她对油库安全生产以及日常行政管理等诸多方面的全方位兼顾，几乎是哪里需要人手，哪里就能看到她的身影。作为一名化验员，她不仅能在计量化验的岗位上干得好干得精，在库区设备维护、合理化建议采集等各方面，她都发挥着积极的作用，每次过滤器清洗维护、储油罐清洗维修作业，以及其他设施设备的检查维护，都少不了她的身影。她在完成好自己工作的同时，还担任着油库考勤、加班、绩效的填报工作；在分公司实行的仿宋体练习中多次受到好评；对宿舍、办公室、包干区的7S工作的完成度是油库最好的；9月，在武汉油库举行的职业技能鉴定考核中，她积极协助管理人员，充分发挥了自己联络员的作用；在2014年11月油库蓝天航空油品质量检查员技能比武选拔赛中，她在做好自己工作的同时，抽空准备，

取得了第二名的好成绩。

李军莉，是一名在平凡的岗位上默默耕耘着的湖北航油人。她积极向上的品质，像绽放的牡丹；无私奉献的个性，像圣洁的康乃馨；青春阳光的心态，像盛夏的雨荷。她真的是人如其名，她就是湖北航油铁军队伍中的一朵航油花，沉静而质朴，清新而芬芳。

（资料来源：http://www.caacnews.com.cn/newsshow.aspx?idnews=276480）

范文 4.17 从三个方面选材，对人物的思想境界、工作态度、业务技能进行了细致的描写。在每一个小主题的写作中，都选取了至少两个事例对人物进行刻画，事例中注意通过事件中的人物言行来凸显人物性格，利用事件的时间、地点、过程、结果来增加事件的可信度，同时还引用同事的评价，展现旁人眼中的人物形象，多侧面的刻画使得人物性格突出，形象丰满，宛如站在读者面前。

需要注意的是，人物通讯和事件通讯的划分是相对的，人物通讯中必然有事件。人是存在于社会活动之中的人，事件通讯中的人是事件变化和发展的主体，世上没有独立于人之外的事件。在不同的通讯报道中，人物和事件所处的位置不同，当然有主次之分，人物通讯中要突出人物形象，做到鲜明生动，以人为中心，事件为烘托人物服务；事件通讯中，事件的发展变化是中心，写事目的性要强，条理要清楚，线索要分明，人物是表现事件冲突的铺垫，不能主次不分，混为一谈。

2. 事件通讯

事件通讯是以“事”为中心，重点对生活和工作中新近发生的，带有倾向性的或具有典型性的或具有一定指导意义的或人们普遍感兴趣的典型事件的报道。事件通讯的报道要交代清楚事件的缘由、过程、结局、影响和后果。通过对事件的报道，提炼和传达出其带有规律性的指导意义或其他。

范文 4.18

中航系整合引国产大飞机热　年底前完成总装

近日，有媒体报道称，国产大飞机 C919 将有望于近日首飞。对此，记者昨日（20 日）从中国商飞处获悉，该消息不属实。中国商飞方面向记者确认，C919 不会在近期首飞。

不过，C919 的首飞时间将会在何时？中国商飞方面没有给出具体的时间表，仅表示相关的消息将会在后期公布。此前市场一度预计，C919 有可能在今年年底前实现首飞。

事实上，今年 9 月份，中国商飞相关人士就曾在第十六届北京航展上透露出 C919 在年底前首飞无望的信息。该人士表示，C919 首架试飞样机将于今年年底前完成总装，

之后将根据项目总体进展情况确定首飞时间。

一位不愿具名的军工行业分析师向记者表示，C919可能会在明年首飞，但鉴于不确定性较高，延迟到2017年首飞也有可能。“大飞机生产考虑的首要问题是安全性，没有十足的把握不能匆忙上马。这应该是中国商飞最顾虑的事情。”

年底前完成总装

由中国商飞负责研制设计的C919是我国继运-10后自主设计的第二款国产大型客机，为150座级以上中短程单通道窄体客机，主要竞争对手是波音737和空客A320机型。

此前，市场一度预计C919将于今年年底实现首飞。

不过，相关的进度表可能已经有所调整。在上个月举行的第十六届北京航展上，中国商飞相关人士表示，C919目前的进度是年底完成总装，但首飞时间并不确定。

据中国商飞方面介绍，目前C919大型客机的研制工作已进入工程制造的攻坚阶段，首架试飞样机正在上海浦东总装制造中心进行总装，目前已经实现全机机体结构对接，机载系统开始陆续安装，风洞试验、铁鸟试验、航电综合和电源系统等试验正在稳步推进，计划年内总装下线。

上述分析师向记者表示，预计今年年底可以完成总装。“但总装之后还需要一段时间在地面上进行测试。按进度来看，明年首飞应该没有问题，但鉴于不确定性较高，延迟到2017年首飞也有可能。”

而对于为何一度延迟首飞，该分析师认为，安全性应该是最主要的因素。“在航空领域，尤其对于民用航空，安全是第一位的。在没有十足把握的情况下，商飞不会试飞。”他告诉记者，如果刚完成总装就匆忙上马试飞，一旦出现问题，受影响的可能就不止C919，甚至后面的C929项目也可能会被延迟。

不过，尽管首飞、适航进程可能会有一定的延迟，但市场对C919的期待依然不减。公开资料显示，9月16日，在第十六届北京航展上，我国新签署了20架国产大飞机订单。因此，截至目前C919大型客机在全球已有21家客户，订单总数达到514架。

此外，10月初，中国商飞还宣布获得中国进出口银行的500亿元融资，以推动大飞机战略发展。业内人士认为，C919大型客机项目对于我国大飞机制造乃至高端制造业都会带来深远的影响。根据预测，C919成功进入市场后，总销量有望达到2000架次左右，这将开启一个规模达万亿元的市场。

力促大飞机完全国产化

与此同时，中航系发动机重组的进展也让大飞机完全国产化成为可能。

与以往以完全自主研制或通过国际合作来发展大飞机的思路不同，国产大飞机C919采取的是“中国设计、系统集成、全球招标、逐步国产”的发展思路。具体来说，就是飞机的总体设计和机体生产以我国为主，发动机和机载设备则面向国际招标选购，

通过引进成熟设备，降低项目失败的风险。

据记者了解，即将试飞的国产大飞机C919发动机采用的是CFM国际公司的LEAP-X1C发动机。在发动机方面，实现国产化还需要时间。

不过，近期的消息显示这一工作将有望加速进展。10月14日和15日，中航工业旗下四家上市公司中航动力、中航动控、成发科技、中航重机相继宣布被纳入航空发动机整合方案中，预计实际控制人将发生变更。

市场预计，中航工业将重组旗下航空发动机资产，成立国家发动机集团。如此一来，国产航空发动机地位将获得明显提升，相关业务将会加速突破。

齐鲁证券分析师笃慧认为，把航空发动机业务整合，成立国家发动机公司，即相当于把航空发动机提高到了与飞机相同的层次，从国家层面予以关注，发动机的地位将明显提高，其发展将得到强有力的保障。

招商证券研报认为，结合国产大飞机以整机突破带动国内产业链的发展路径，未来关注点主要集中在两方面：近期看，主要关注整机研制进展，包括下线首飞时间、适航认证取得以及型号的市场认可；远期看，主要关注国内配套产业链的发展，尤其是发动机、航电系统、飞控系统等核心部位的国产化进程。

（资料来源：中航系整合引国产大飞机热．证券日报．2015-10-21）

范文4.18是一篇事件通讯，事件通讯中的事件才是全文的主角，事件是整个通讯的中心和主要方面，而事件也不能脱离人物而独立存在，人物在文中永远能作为配角，对整个事件起说明和烘托的辅助作用。

3. 工作通讯

工作通讯是以工作中的先进经验或存在的问题为报道内容和主要对象。写工作通讯要注意抓住典型，针对性要强。写经验要具体、全面、详细。写问题要分析透彻，指出问题所在。要尽量具体和全面，总结出有一定高度的观点看法，才能够对人们的实际工作有意义或起到指导作用。

范文4.19

机上盗窃案件防控之我见

近年来，一些犯罪嫌疑人专门乘坐飞机，并在航班上伺机盗窃同机旅客随身携带的贵重物品。机上盗窃行为不仅侵犯了旅客的合法权益，损害了航空运输企业的声誉，

同时也给航空安全带来不确定性因素。

近期，厦门机场警方破获了一起机上盗窃案，犯罪嫌疑人殷某根在厦门至香港的航班上因盗窃同机旅客行李中的现金等贵重物品，后被事主当场发现并报警。经对犯罪嫌疑人进行进一步审查，其拒绝交代犯罪事实，由于警方获取了大量证据，犯罪嫌疑人殷某根虽不开口认罪，但已被检察机关依法批准逮捕。在办理此案过程中，警方从犯罪嫌疑人殷某根的行动轨迹分析，犯罪嫌疑人近年来有大量的异常乘机记录，且其无正当职业，对于乘坐飞机出行的目的不能做出合理解释。从侦办类似案件的经验分析，机上盗窃出现了一些新的动向，值得警惕。

1. 机上盗窃犯罪的特点

1）机上盗窃的定义。这里的机上盗窃，专指在飞机上盗窃同机旅客随身携带的行李物品的行为，不包括盗窃旅客托运行李或者货物的行为。

2）不以旅行为目的的航班飞行。一些犯罪嫌疑人乘坐航班的目的就是偷窃，他们趁机上旅客休息或不注意，伺机窃取同机旅客放在机舱上行李中的现金、名贵皮包等。虽然犯罪嫌疑人多次乘坐飞机的代价不菲，但机上盗窃的收获颇丰，甚至有犯罪嫌疑人一次盗窃的金额就达100多万元。

3）以拿取自己的行李包作为掩护。犯罪嫌疑人在航班运行过程中，一般将自己的行李包放在机舱中，然后以拿自己行李或者拿飞机上提供的毛毯等物品为由头，伺机将被害人的行李包拿到自己的座位旁，之后用报纸、机上提供的毛毯等物品作掩护，盗窃被害人包中的现金、钱包、贵重物品，后将被害人的行李包放回原处。

4）机上盗窃呈现明显的地域特征。近年来，全国民航查获的机上盗窃犯罪呈现出明显的地域犯罪特征，即以中原某县的犯罪嫌疑人最为突出，一些犯罪嫌疑人前科劣迹累累，同时也积累了大量反侦查技巧，他们甚至组织旁听庭审，不断总结怎样逃避被打击处理。

2. 机上盗窃犯罪新动向

从我局最近侦办的一些机上盗窃案件来看，机上盗窃呈现出一些新的动向，值得引起警方、航空承运部门以及广大乘机旅客的关注与警惕：

1）机上盗窃有从国内航班向国际航班转移的趋势。以前办理的机上盗窃案多以国内航班为主；今年，厦门机场公安分局接报了6起机上盗窃案，发生在国际短程航班的较多，其中有3起发生在厦门前往香港的航班，1起发生在阿姆斯特丹至厦门航班，另外还有国内航班2起。

2）犯罪嫌疑人刻意隐瞒身份，具有一定的身份隐蔽性。犯罪嫌疑人乘坐国内航班时使用身份证购买机票，乘坐国际航班时使用护照购票，如果没有掌握其全部身份信息，就难以分析其行动轨迹。由于护照上显示的身份仅为中国公民，不能显示其敏感信息，在分析案情时，也不容易将其列入犯罪嫌疑对象。

3）犯罪嫌疑人乘坐的多为国际短途航班。例如，厦门机场警方查获的这起盗窃案，犯罪嫌疑人经常从深圳飞往厦门，再立即由厦门飞往香港；或者从深圳飞往厦门，随即从厦门飞往澳门；或者从深圳飞往晋江，再由晋江飞往香港。从犯罪嫌疑人的乘机记录看，其主要目的地是香港、澳门、雅加达、新加坡、河内，但也有较远的行程如浦东至迪拜、浦东至伊斯坦布尔等。

4）机上盗窃追究刑事责任难。从厦门机场警方近年来查获的一些机上盗窃案来看，犯罪嫌疑人的犯罪行为一旦暴露，就会立即将赃物丢弃或返还失主，即便是被当场抓获，犯罪嫌疑人对其犯罪事实也都一概拒不承认，只有到庭审阶段为减轻罪责才会向法庭坦白当次的盗窃经过，如果侦查机关前期没有获取其他旅客以及机组人员的证词加以印证，往往在证据上难以形成证据链，难以追究其刑事责任。本案犯罪嫌疑人也涉嫌 2005 年一起机上盗窃旅客 7 万余元的案件，虽经当地机场公安局上网追逃，最终因证据不足，无法追究其刑事责任。另外，有的境外国际机场对于此类盗窃案件以无管辖或无证据为由不予立案侦查，导致被害人报案无果。还有，有的国际航班上发生的盗窃行为，即使被发现，由于涉及国际司法管辖问题，报警后机组、被害人及相关证人还要接受报警地警方的调查，被害人往往能追回被盗物品即可，一般情况下也不会选择报警处理。

3．对策分析

机上盗窃犯罪不仅侵犯了旅客的合法权益，也给航空公司的企业形象带来极大的负面影响，同时对于航空安全来说，也带来了难以预测的风险。针对机上盗窃犯罪的新动向，公安机关应认真分析作案特点，民航局应充分发挥其协调作用，各地机场公安局应积极作为，航空公司应密切配合，广大旅客应有所防范，从而形成打击犯罪的合力。主要对策建议如下：

1）强化民航局的协调作用。建议由民航局公安局统一协调，必要时向公安部汇报，开展专项打击行动。建议采取以下措施：一是建立民航高度关注人群库。将相关嫌疑对象录入系统，尤其是要关注有机上盗窃前科的人员；将持护照人员与身份证信息进行自动关联，实现自动比对。二是协调实现数据共享。尤其要协调中航信等民航相关单位，向全国民航公安机关开放民航旅客信息系统，实时推送相关信息，实现关注人员与公安数据库人员的自动比对，将侦查工作建立在耳聪目明的基础上。三是强化售票、值机、安检环节的管控。对于国内旅客只能使用二代身份证，不允许使用护照购买机票、登机；对于可疑乘客要加强安检，在严格查验证件的同时，严格检查随身行李物品，留下视频监控资料。四是协调各地开展打击行动。民航局公安局作为行业公安主管部门，应加强对办理机上盗窃案件的指导，建立工作关系，完善办案协作机制。五是强化区际司法协助。通过民航局公安局报公安部进行统一协调，尤其是强

化与香港、澳门警方的警务协作，研究制作符合三地法律、可操作性强的案件调查及嫌犯移送程序。

2）强化航空公司的职责。机上盗窃案件频发，对于航空公司来说，不仅会使企业品牌、声誉受到影响，同时也有可能因此被旅客告上法庭。作为航空运输承运部门，航空公司有义务保障旅客的人身及物品安全，应当不遗余力打击机上盗窃犯罪。一要加强空中保卫力量，配齐安全员，加强机上巡查，对乘机旅客进行必要的分析，及时发现违法犯罪动向。二是加强机组人员培训，强化证据意识，尽可能使用执法记录仪记录处理的过程，第一时间收集机上知情乘客的相关信息，以便于机场地面警方的进一步调查。三是加大查处力度，绝不姑息养奸。对于机上盗窃犯实行“零容忍”态度，一经发现，即予以报警处理，应与地面警方配合好，不能为图省事而采取息事宁人的处理办法。

3）强化机场警方的打击效能。一要充分利用现有的情报信息平台、公安综合查询系统和民航调度指挥系统，加强分析研判，掌握犯罪规律，及时排查锁定机上盗窃犯罪嫌疑人。二是对于冒用、使用伪造居民身份证的嫌疑人加强审查，力争从中发现违法犯罪线索。三是加强对机组人员的指导和案件交接工作，第一时间接手案件，及早开展案件的调查取证工作，全面掌握犯罪证据。四是如实立案，依法开展侦查工作，对现行犯罪案件要组织警力串并深挖，力争破获系列案件。五是与上级民航公安机关以及兄弟民航公安机关保持密切联系，加强警务协作，及时布控查获犯罪嫌疑人。六是与检察院、法院加强沟通，取得对证据规格的共识，对于机上盗窃犯罪嫌疑人要力争做到能捕、能诉，破除犯罪嫌疑人的反侦查措施，让犯罪行为受到应有的法律追究。

4）强化旅客的防范意识。民航相关部门应加大宣传力度，让旅客知道航班上还有“梁上君子”，从而加大对贵重物品的监管力度，保管好自己的随身行李物品。同时，鼓励广大旅客一旦发现此类违法犯罪，要及时举报，主动配合警方的调查工作，必要时予以物质奖励，对此类违法犯罪形成“过街老鼠，人人喊打”的局面，从而大大减少此类犯罪的发案概率。

（资料来源：http://news.carnoc.com/list/325/325239.html）

范文 4.19 开篇先交代背景，说明民用航班客机上旅客随身携带行李发生多起被盗，给旅客和航空公司带来利益损失和负面影响，引出此类案件的危害，然后归纳机上盗窃旅客财物的犯罪行为特点，最后，根据这些盗窃事实，提出防范建议和措施。从提出问题过渡到分析问题，最后提出解决问题的方案，这就是工作通讯的写作特点和目的。

4. 概貌通讯

概貌通讯也叫风貌通讯，是反映社会生活、风土人情、自然风光等内容的综合通讯。这类通讯不同于报道某人或某事，而是围绕主题，集中反映多个方面的事件或人物，如某省、某行业的新闻报道，展现丰富多彩的特征和风采内容。概貌通讯题材广泛，气势宏大，篇幅较长，纪实、散记都属于概貌通讯。

范文 4.20

中国民航大学人才培养改革记

建设民航强国是中国民航人矢志不渝的奋斗目标。人才是民航发展的第一资源，是新时期民航转变发展方式、建设民航强国的重要保障。作为民航人才培养的摇篮，中国民航大学给自己设立了终极目标——将中国民航大学打造成为享有国际声誉的世界著名民航类高等学府。

志存高远，更需脚踏实地。事实上，正如中国民航大学校长董健康接受记者采访时所言，中国民航大学长期以来注重行业应用型人才培养，高举高等工程教育改革大旗，优化学科专业结构，不断创新人才培养模式，扎实推进以课程的综合化、实践化和专题化为内容的“三化”改革，为民航强国提供了坚实的人才支撑。

更新教育理念　树立“大工程观”

人才培养是大学的重要使命，学校的育人思想直接决定着学生的质量和质量评价标准。“我国民航教育主要面临三个方面的挑战：一是民航行业科技含量的提高呼唤创新型人才，二是民航行业辐射能力的扩展呼唤复合型人才，三是民航全球化的竞争呼唤国际型人才。结合行业需要，中国民航大学坚持‘严、实、能、用’的教育理念，强化以系统化思维和追求实现为标志的‘大工程’观念，并不断丰富其内涵。”董健康在采访伊始就直接点出了中国民航大学的育人思想。

董健康说，以前民航教育重在强调技能，而后关注技术，“如今，要让一个项目真正实现落地的目标，我们不仅仅要考虑技能、技术，更要考虑落地的环境，包括政策、法规等，还要考虑政治、经济、文化、生态等多种有关社会责任的因素，这就是工程问题。要解决工程问题，不仅要掌握专门的工程技术知识，还要具备哲学、数学、人文、经济、管理和运行需求等多方面系统化的知识结构，尤其要注重各领域知识嫁接和组构能力的培养。为满足行业创新型、复合型、国际型等‘三型’人才培养的要求和知识体系构建需要，中国民航大学建立了学科专业布局的动态调整机制，目前设有工、管、理、经、文、法等六大学科门类，基本满足了现阶段多学科性大学的发展要求”。他表示，下一步中国民航大学还将进一步优化学科专业结构，推动涉及民航领域的心理、物

流、信息、气象、材料、金融等一批学科专业的扩展和建设。

中国民航大学在基于需求导向、逐步丰富应用型人才培养理论体系架构、树立“大工程”观等方面不断探索并已取得了可喜的成果。学校提出，在人才培养方面不仅要满足国内外民航行业发展需求，也要兼顾区域社会经济发展及促进两者互动发展的需求，更重要的是要坚持服务学生成长的宗旨。

理念一变，观念一新。在新的办学理念的指导下，中国民航大学的教学质量观、教师教学观、人才培养观、教学时空观“四观”发生了重大改变：教学质量观念从原来的知识本位变成了“知识－能力－素质”一体化；教师教学观念由原来的以教师为中心变成了现在的以学生为主体、教师为主导；原来的人才培养观念是专才教育，现在则强调“注重底蕴，强化适应”；原来教学时空观念是课内外分离，现在则是课堂内外一体化。

转变教育机制　培养应用型人才

“知识背出来没有用，而应该练出来，国际上办学十分强调知行合一，其实就是要培养应用型人才。”董健康表示。

长期以来，培养应用型人才是民航教育的特色，也是中国民航大学着力的重点。记者了解到，中国民航大学以培养应用型人才为目的，制定了“一二三四”目标，力图让学生在具备国际化视野、建立专业和管理两类知识体系，拥有质量、成本、创新三种意识以及铸就系统思维、团结协作、多岗位适应和工程应用四项能力等方面得到全面提高。

如今，中国民航大学建立了多方位、多层次、多模式的人才培养体系，其中CDIO国际工程教育模式获得了诸多认可。所谓CDIO模式，即构思（Conceive）、设计（Design）、实现（Implement）、运作（Operate）。该模式是通过构建以CDIO项目为核心的一体化教学体系，培养学生在工程实践中的构思、设计、实施和运行等综合能力。

“CDIO项目整个实施过程是以学生为中心开展的，指导老师并不会直接介入。当学生团队遇到前进中的阻力时，我们会帮助学生一起分析，而不会直接抛出答案或给出方式、路径。项目完成的评分高低并不是最终目的，真正的目的是让学生明白是由于哪些问题造成的技术指标有所偏离，这才是最重要的。”CDIO项目课程负责人华克强教授表示，通过CDIO工程教育模式的运行，学生解决实际工程问题的能力、团队协作能力、工程项目的管理和经济核算能力以及创新能力大幅提高。

除CDIO国际工程教育模式之外，中国民航大学还在空管、机务、飞行等民航特色专业开展了“卓越计划”本科及硕士试点，培养了许多能够适应航空工业未来发展

需要的具有国际竞争力的工程人才；并引进国外优质资源，成立中欧航空工程师学院，开展精英教育，为民航行业提供高端研究生人才。

实践教学是应用型人才培养的根本。中国民航大学充分利用现代信息技术，通过自建、与企业合作等方式，搭建了多个不同级别的实验室，为培养学生工程能力提供了实践平台。此外，还建立了大学生创新创业实践中心，实现产教深度融合。“这个创新创业实践中心，不仅会承接创新创业项目，还会进行学科竞赛。今年共有709个创新创业项目和55项学科竞赛，给教师和学生都提供了锻炼的舞台。”中国民航大学大学生创新创业实践中心主任高庆吉表示。

推动综合创新　不断提高教学质量

人才培养改革要成功，教师必须先成长。为此，中国民航大学专门成立学校教师教学发展中心，制订了《学术领军人才第一、二层次人选选拔与支持计划》。为了让教师能够进一步成长，中国民航大学陆续出台了“蓝天青年学者计划”、“青年骨干教师培养计划”等，依靠项目驱动和“做中学”，着重培养教师的教学能力、工程能力和学术能力，在教学改革和专题训练中让教师得到成长。

“在中国民航大学，教师已经慢慢树立了‘创新源于实践’的认知规律。老师的教学理念也在改变，以前是重理论、轻实践或者是重知识传授、轻能力培养，现在是注重学思结合，注重知行统一，注重因材施教。”中国民航大学教学处处长韩雁表示。

人才培养模式一变，教学方式必然要变。中国民航大学启动的课程综合化、实践化、专题化“三化”改革，就直指教学方式的重建。在卓越工程师教育培养计划中，课程“三化”改革力度尤为明显。2011年，中国民航大学与华北空管局对已经签约到华北空管局的在校毕业生进行了岗前培训工作，并制定了新的培养方案。“我们的教材是根据华北地区的空域环境和机场运行特点而制定的，针对性更强，除了传授理论知识以外，更注重一些实际工作经验的传授和模拟机的训练，以提高学生们的实际操作能力。”华北空管局参加联合授课的教员王鹏表示。

教学质量的提高，离不开相应的质量保障体系。为此，中国民航大学启动了内外部评估体系。在内部评估方面，学校构建了“三回路”教学质量监控体系，把教学活动的各个环节、各个部门及教学单位的活动与职能合理组织起来，形成一个相互协调、相互促进的有机整体，在系统运行过程中对其进行短期、中期、长期的教学质量监督。在外部评估方面，学校一方面积极接受教育部组织的本科教学评估，另一方面积极进行相关认证。2012年中国民航大学交通运输专业通过教育部专业认证，有效期为6年，是民航系统第一个通过工程教育专业认证的专业，也是首家通过工程教育专

业认证的航空类交通运输专业。2013年中欧航空工程师学院在法国工程师学衔委员会（CTI）认证中获得最高等级，即“通过认证，有效期6年”，同时获欧洲科学与工程硕士认证。

为了不断推进工程教育改革工作，中国民航大学每一年都会确定一个大主题。韩雁介绍，中国民航大学将今年定成了专业标准规范年，“我们学校内部对所有本科专业进行全面评估。这项工作已经开展了几个月，相当有意义。只有对专业进行深入梳理，才能发现问题，未来才能更好地进行人才培养。这项工作也得到了教育部的认可，他们专门派人向学校要专业评估的汇报材料。”

中国民航大学党委书记景一宏表示：“学校将进一步牢固树立人才培养是根本任务、教育教学是中心工作、质量提升是永恒主题的办学思想，以应用型工程技术与管理人才培养为主要类型，不断强化‘崇尚严实、致能致用’的办学特色，为建设成为享有国际声誉的世界著名的民航类高等学府而努力奋斗！”

如今，中国民航大学正沿着这一目标努力推进各项工作。随着人才培养模式的进一步成熟，相信中国民航大学不仅会为民航培养更多专业人才，也会让自身更加声名远播，享誉中外。

（资料来源：曹晓新，朱瑞新. 中国民航大学人才培养改革记. 中国民航报. 2015-10-27）

范文4.20围绕中国民航大学如何进行人才培养改革，从三个大的方面进行报道：改变教育理念，重新树立“大工程”观念，确定主导思想；改变教育机制，培养应用型人才，注重培育和提高学生的能力水平；推动创新，从教学主体着手，提高教育质量。就学校人才培养的改革工作从思想观念、培训目标、施教因素三大角度进行叙述，充分展示了中国民航大学为培养高素质人才做出的具体努力和取得的工作成效。这是一篇反映行业内某单位某一方面工作风貌的通讯。

三、通讯的特点

1. 生动性

通讯的写法灵活多样，不仅有叙述，还有描写、抒情、象征、拟人等。尤其是人物通讯，注重对细节的刻画，具有一定的文学色彩。因此，通讯无论是叙事还是写人都更加生动和形象，也更加感人，与消息的语言精练、简明扼要、平铺直叙的叙述手法不同。

2. 完整性

通讯的写作要求报道对象要具体和完整，材料丰富、充分、翔实。通过对场景的描写展示事件产生、发展的全过程；写人要通过情节的描写演绎人物的命运和性格。通讯容量大，情感充沛，不同于消息只对事物进行表面叙述，不展开情节，点到为止。

3. 评论性

通讯在对人物和事件进行报道时，可通过夹叙夹议的方法，发表作者对人和事的看法，在叙述、描写和抒情过程中阐述作者的观点和议论。但通讯的评论与议论文体不同，通讯的评论必须紧扣事件和人物，进行恰如其分、恰到好处的议论。因其写作手法上的文学性，通讯的评论往往是带有感情色彩的议论，能够产生情理相融、以情感人、以理服人的效果。

四、新闻通讯的写作要点

1. 选材准确

选好典型材料，对确立通讯的主题十分重要。无论是写人物还是事件，首先要从纷繁的第一手材料中选取出具有新闻价值和指导意义的真实、典型的材料。还要从这些材料中提炼出能够反映时代的特征和风貌，指导人们行为的主题。这样的材料和主题写出的人物才能够打动人，感染人，叙述的事件才能够震撼人。

2. 刻画细节

细节描写是通讯写作的关键，精彩的细节是写好通讯的重要部分。写人物的关键在抓住人物的行为和语言，用寥寥几笔的勾画便能使其神形兼备，展现出人物的精神面貌和特点；写事要交代清楚事件的过程，线索要清晰，叙事要生动。无论写人还是写事，都要注重对细节的描写，细节刻画好了就能使报道对象生动、鲜活。

范文 4.21

香港飞机工程有限公司一名外勤司机，昨日（28 日）在香港国际机场驾驶拖车拖行一组工作梯，驶过停在维修库的国泰波音客机时，梯顶撞及飞机机翼，导致轻微损毁，无人受伤。港机工程指，怀疑司机没有遵守机场禁区范围内驾驶车辆规则，已将事件通知机管局及国泰航空，并就事件展开调查。

被撞国泰客机机型号为波音 777-300ER，停泊于机场香港飞机工程有限公司维修库的停机位，接受检查及维修工程。昨日早上八时，港机工程一名外勤司机，驾驶拖车将一组工作梯从一边拖往另一边期间，在客机右机翼底驶过，梯顶撞及飞机的机翼，工作梯倾侧。港机工程指，一名外勤司机驾驶拖车拖行一组工作梯时，怀疑没有遵守

机场禁区范围内驾驶车辆规则，令工作梯触碰到一架国泰航机机翼位置，造成轻微损毁，已将事件通知机管局及有关航空公司，并就事件展开调查。

（资料来源：http://news.carnoc.com/list/327/327759.html）

在这篇消息中，作者对国泰客机机翼被拖车撞击过程的细节进行了详细具体的描述，有完整重现场景的效果，使人有如身临其境的感觉。同时，也可以看到，在以事件为主的新闻报道中，始终不可能脱离对人物的描写。但是，人物也始终是事件通讯中的铺垫角色，起到烘托事件、说明事件的作用。

3．运用技巧

通讯作为一种新闻体裁，要求语言必须准确严谨，简明扼要，通俗易懂，但通讯的语言相对于更加简短的消息来讲，却具有可以借用多种文学写作手法，或抒情或描写等优势，写作技巧的运用使通讯比消息更加生动，更加形象，在语言的运用上，也更加灵活和丰富，更富有浓郁的感情色彩，塑造的对象更加鲜明和丰满。

范文 4.22

又到了每年航班换季的时候，听说东航恢复执行宁波—浦东航线了，网友惊呼一片："这么短有人坐？""全票价 700！这么贵？"于是，本着八卦娱乐精神，笔者把国内的有潜力成为"贵族"的航线搜索了一遍，发现这条线居然连前三名都没进，还有许许多多航线"深藏功与名"。

（资料来源：李渊．来八一八国内有哪些"贵族"航线．民航资源．2015-10-29）

这篇通讯的开头一段就使用了直接引语，用网友的话引出短航线却具有高票价的话题，对文学写作手法的运用，使得新闻开篇就给人以生动、新颖的感觉，自然使人阅读的欲望大增。

五、通讯与消息的区别

消息和通讯都是新闻报道中经常使用的重要体裁，在报道企业中的人和事时，根据各自不同的特点和特长，在新闻宣传中起着不同的作用，展示出新闻报道的不同风采。那么在具体写作中如何区分二者呢？

1．标题不同

通讯的标题一般是一行标题，即主标题，如果需要加以说明，可以使用副标题，但要在主标题后面加上破折号，以示副标题对主标题的解释和说明，如：

《波音副总裁：没有中国造的部件波音上不了天》（一行标题）、《一场航空展浓缩大产业——透视天津直博会》（两行标题）。

消息则可以使用一行、两行或三行标题，但是在使用两行标题时，不加破折号。

2. 开头不同

通讯没有报头和电头，但有的通讯会有电尾，即在通讯的结尾最后，“附加 ×× 社 × 月 × 日电”形式，表明通讯社电传稿。而消息一般在开头都有“本报讯”“×× 社 × 月 × 日电”的报头或电头。

3. 时效性不同

通讯的时效性不如消息，消息要求最快、最新。而通讯对事件完整性的要求更加严格，在材料选择、主题确立、写作技巧等方面的要求更加具体、生动、深刻、全面。因此作者需要对报道对象有一个收集、认识、提炼、升华的过程。又因对通讯报道完整性的要求，通讯写作也要经历新闻事件展示和发展的全过程，因此通讯的写作相对消息需要时间更长，时效性较弱。

4. 表现手法不同

消息写作重在对客观事实的最快报道，大多采用旁观者的角度，使用第三人称。但通讯却是第一、第二、第三人称都可以使用。多种人称的使用使叙事具有多角度，叙述效果更加生动、丰富。消息的写法比较单一，一般就是客观描述事实，较少使用评价、描写，更不能有抒情。但通讯不然，不仅对事实有客观描述，可以评论，还可大量借用文学作品的写作手法，进行抒情，融三者于一体，把报道对象生动、形象、具体地呈现给读者，具有强大的感染力和震撼力。例如，报告文学即属于通讯的体裁范围，但是，报告文学的写作手法几乎与文学作品创作手法一致，唯一不同之处就是，报告文学必须基于事实，写人写事必须要确有其人，确有其事，不能凭空创作。

六、工作通讯与工作总结的区别

工作通讯不能写成工作总结，要注意从下面几个方面区分：

1）工作通讯是新闻报道，内容安排有重有轻，侧重对主要内容的报道，写法上要求轻重有别，有主次、详略之分；工作总结要求面面俱到，没有侧重点。

2）工作通讯作为具有一定文学色彩的新闻体裁，运用细节、矛盾等技巧，使报道对象生动、形象；工作总结语言简洁，平铺直叙，有固定的套用格式。

3）工作通讯面向社会，是一种社会性新闻报道；工作总结是企事业内部事务文书，仅限在内部传阅，对象单一。

思考训练

1．阅读以下三篇通讯稿，修改病文。

旅客李杨异常退票的事件

2015年6月11日20点20左右，电话中心国内组员工王丽像往常一样接听旅客的来电。旅客李杨是国航银卡会员，坐席亲切地称呼旅客后，并询问旅客需要什么服务。

旅客李杨表示需要办理一张往返机票的自愿退票服务，并提供本人的身份证号。经核实，该客票状态为“OPEN FOR USE”，但行程单报销凭证已被打印，按照中心退票申请流程，如果旅客提前打印行程单，申请退票需要将行程单邮寄回公司后，再办理退票。于是，王丽将情况告知旅客，希望旅客能配合。李女士表示，让员工先申请退票，自己后续再将行程单寄回。王丽再次耐心地向旅客解释：“因行程单是唯一报销凭证，在未使用客票的情况下，应将该凭证……”还未等王丽将话说完，李女士就将电话挂断了。

王丽觉得这名旅客的反应较异常，根据平时的经验判断，一般旅客遇到类似问题都很配合，偶尔遇到不配合的旅客，也会在电话中争论一番，所以王丽翻查了这名旅客的客票历史记录。通过提取李杨这名旅客的身份证号查看，王丽发现近期该旅客在电话中心购买了22张客票，其中14张都是已退票的状态，另外8张也处于提交了退票申请，还未最终处理完成的状态，每张客票的行程单均被打印，且购买的舱位都是Y舱。回想与旅客的交谈，并根据查询到的情况来看，王丽认为异常的地方太多了。于是王丽将该情况第一时间上报给了主管陈娆。通过王丽提供的信息，陈娆也感觉到整个事件的特殊性，于是与业务值班经理孙浪一起，立即将情况反馈给中心领导及电话中心北京总部，希望彻查旅客李杨在中心的历史退票记录。

通过核查，已退的14张客票均是旅客通过电话中心购买的，在出票成功后，便到机场自助打印机上打印行程单，然后办理退票，另有8张客票还处于退票申请待处理的状态。中心及总部领导在听取该事件的报备后，非常重视，觉察出该旅客的行为存在骗取报销凭证的可能，特批示，将剩余的8张客票挂起，并做进一步的跟踪。

通过电话中心风险防控小组的核查，并与当事旅客取得联系，告知旅客行程单的法律属性是发票，在接受航空公司的服务后获得的付款凭证。而实际情况是旅客并未接受航空公司服务，却索取了报销凭证。后续这些行程单的利用途径是否触犯到国家的法律法规，还有待进一步的核实。在听取工作人员的讲解后，旅客同意将剩余的8张行程单回寄给航空公司，并保证今后一定会按照航空公司的规定执行。

事情已经尘埃落定，成都电话中心王丽同志在工作中，对异常事件敏感性、上报及时性的表现值得嘉奖，同时本事件也会作为经典的案例，在电话中心全员分享，提倡大家向王丽学习，严格按照中心各项流程执行，发现异常情况及时上报，维护公司及旅客的利益。

范文 2

冷静果断，保驾护航

10月3日，国庆大假第三天，窗外艳阳高照，初秋和风习习，室内成都电话中心国际组一派繁忙景象，10点接到崔女士来电反映她的朋友票号是：999-7668393588/89，姓名：FLETCHER/THOMAS ARTHUR，原订10月3日当天12点50分从成都到拉萨航段无法办理值机手续。

李红感受到旅客的紧张一边安抚旅客不要着急，一边提出旅客客票查看了解情况，发现客票剩余行程还有西安—成都—拉萨—北京—旧金山多段未使用。根据国航规定，客票必须按顺序使用，因旅客西安到成都段未使用，导致成都到拉萨段无法输值机手续。李红用熟练的业务技能很快查询到该客票允许办理弃程，立即着手为旅客办理。此时距离截止办理登机手续只有不到一个半小时时间，时间紧迫，李红以最快的处理速度，加急为旅客办理了客票的弃程手续。出票后李红立即通知旅客到机场值机，并时刻关注客票情况。在截止办理登机手续前30分钟时，李红发现该客票一直还未显示值机状态，再次电话联系崔女士，才发现当时旅客着急，在机场重新购了一张成都到拉萨的客票，机场为旅客办理了新购客票的值机手续。这样的话，原票后续航班就不能再正常使用，后续会造成很大的损失。李红立刻告知此问题，旅客立刻返回机场柜台重新办理了原票值机手续，终于在最后千钧一发之际顺利成行。崔女士在电话中一直感谢坐席的热心帮助，对坐席提出表扬。

事后，崔女士前后两次特意打电话到95583意见与建议部门，对坐席的细心入微，在紧急航班中临危不乱，冷静果断，急旅客所急，想旅客所想的服务态度提出肯定，让自己很动心，要求一定要对李红给予表扬。

范文 3

小荷才露尖尖角

5月第二周从总部接到信产国内技能转国际技能培训任务，根据主管建议，我开始了紧张的准备工作，先是根据国际销售和服务两大板块设计课题，第三周收到总部统一培训PPT，仔细研读各业务点，本组讨论，再分解知识点，尽量多列举跟该知识点相关的实际案例，归纳跟国内业务的相似处，虚心请教以往的培训教员方式方法，争取在短时间内找到通俗易懂的最好方案。

5 月 25 日培训第一天，8:30 我先到国际坐席区，组长座位下两个大小不一的地球仪首先映入眼帘；跟踪 4 月销售技巧培训学员的出票情况；落实两位优秀学员抽空余时间给这批学员做经验分享；询问两位接听坐席的情况，坐席真实巧妙的接听方法给我留下深刻印象；发现坐席把知识库里分区转机线路三字代码打印出来放在文件夹里方便记忆，我将这个实例拿给这批学员做范例，其反馈较好，这批学员强烈要求复印，我教会他们在知识库查询的方法。面对接触呼叫中心行业大约 5 个月，只有国内服务经验的“90”后，一股青春气息扑面而来，学员思维活跃，提问比较超前，我顺势引出解决办法的指令，为后面的复杂内容做铺垫；有的指令看似跟当前所学销售任务联系不大，学员会提问其用途，我明确告知在以后解决某个业务点上会使用到。他们认真听课，仔细笔记，勤奋精神感染了我，一个声音常常在我耳边提问：怎样使用最简洁风趣的语言使学员快乐领悟。

在第一天里，我将上周主管交给我的方法在实际中灵活应用。9 点培训正式开始，前半个小时，PPT 讲义因设备故障无法打开，为了化解这突如其来的冷场和尴尬场面，我突然就给学员提到了国际技能的从业要求：仔细认真，服从命令，严守保密工作中的秘密；告知今天的学习任务：需要建立一个完整的 PNR，从国内 PNR 里的五要素引申到国际的证件，三字代码和 Q 价。我拿出自己所带的所有证件，明确证件要求掌握的内容，开始了讲课。这种突发情况自己从来没有遇到，也没有设计过应对措施，回忆主管信手拈来的丰富经验，险些渡过，真是人生没有彩排，时时都是直播。培训方主管按照学员上班时间要求教员每天中午的下课时间延长到 12 点结束，闪过的第一个念头就是打疲劳战不科学，学员已经学了一上午的理论知识，中午尽量多休息才能保障下午的上课质量。这跟之前发总部和信产邮件的培训计划 11:30 结束也有出入，我建议按照培训计划来，告知学员 12 点结束没有问题，任务完成得好，作为奖励 11:30 按照计划结束，学员高兴；如果稍稍延后一点结束，学员也没有怨言。沟通成功，我为自己的进步点赞。

按照计划，第一天的教学任务已经完成，尤其学员接触 OD 业务，操练了国内国际 24 小时以内转机的 OD 订座要求，建立一个完整的带婴儿美国航线 PNR，明天深入 OD 案例和 24 小时以外的 OD 订座要求，根据 OD 其中一个案例，明天要求建立一个含外航段的 PNR。加强实操，将几个订座案例的重点内容拆分到每天，逐层深入，便于学员掌握。

台上一分钟，台下十年功，以不变应万变，为了学员的一碗水，从现在开始我要更加刻苦钻研业务，盛满一桶水，同时增强应变能力和提高沟通技巧。千里之行，始于足下，勇于开始，才能找到一条成功之路。

2．认真阅读以下通讯稿，根据要求回答问题。

范文 1

夯实基础　转变思路　突破创新

2014 年全球经济缓慢复苏，但航空市场仍存在许多变化和不确定因素：世界航空运输业总体低增长、低盈利，竞争格局较大变化；公商务客源比重下降明显，客户需求弹性提高，价格敏感度增加，客源结构显著变化；电子商务、移动互联的快速发展，价格日趋透明，消费特征发生变化。面对以上诸多变化，电话销售服务中心紧扣商委今年工作重点，积极主动开展以客户为导向、以转型为动力的各项工作，实现服务、销售和管控模式的新突破，上半年较好地完成公司各项任务指标。7 月，电话销售服务中心贡献收入首次突破亿元大关，当月完成销量 10 900 万元（国际销售额 7014 万元、国际升舱改期费 1082 万元、国内销售额 2723 万元、国内升舱改期费 87 万元）。

一、重视绩效管理，提升员工效能

电话中心从 2013 年 7 月起，特制定中心岗位动态调整实施办法，旨在优化成都电话中心人力资源配置，理顺员工职业发展通道，做到岗位能上能下，优胜劣汰，以利充分有效地利用人力资源，最大限度地调动员工的工作积极性。伴随岗位动态调整办法的实施，中心同时也对管理内容、管理方式进行了改进，及时修订、补充和完善各相关管理规定，适应管理变化的要求。电话中心在月考、季考中特别加入绩效管理考核标准，对所有一线员工进行全员覆盖，了解绩效构成情况，做到透明化、公开化、公平化，更好地提高坐席能效性。为扩充电话中心人才储备，2014 年 1 月电话中心完成了 6～9 级空编岗位人员笔试、面试竞聘工作，并公示新聘人员名单。由于竞聘后岗位变动大，班组人员、班组长更替频繁，为了让员工更快适应新的工作岗位，电话中心开展各类培训工作，并将电话中心第二届教员竞赛活动成果进行推广宣传学习。电话中心在日常工作中通过早会案例分享、每月更新板报等方式将更优质的服务与销售经验传递给更多一线坐席，如国内服务组制作的拥有特色“植物大战僵尸”板报，结合青年员工思维，在传递服务流程规章同时，又起到了调节工作氛围的作用。电话中心为了提高班组管理灵活性，保证工作开展及信息传达的及时准确性，通过新媒体媒介平台开通了微信订阅号，每周定期发送最新业务文件、公告、温馨提示等信息，让一线员工随时随地轻松了解、掌握最新工作动态。

二、强化服务意识和能力，提升职业化服务水准

为了更好地保留优秀录音资源，电话中心对已建立的录音库重新进行优化，采取便捷的网络化登录形式，将录音按照业务类型进行分类，对每通录音均进行优缺点分析，并将总结归纳通过日常培训等方式为坐席讲解。为了激励一线坐席在接听过程中能更好地提供优质服务，电话中心鼓励坐席主动提供优秀表扬录音，由项目经理、质检和质量

管理共同进行评审，对判定有效者进行绩效奖励或现金奖励，此举措大大提高了坐席主动服务意识，人人争优。表扬与处罚并存，针对服务检查中呼叫中心出现的特殊服务引导欠缺等共性问题，电话中心迅速制订《服务质量整改专项考核计划》对一线坐席实施考核，按梯度划分考核结果，并阶段跟踪措施的落实情况，各技能组针对考核中暴露出的业务缺失点进行有针对性的考试自测，对多次考核不合格坐席进行绩效扣罚；除了电话沟通脚本部分，中心为了让广大一线坐席更好地感受现场实景，特向售票处柜台要来特殊服务表单，通过填写表单的方式增加实战经验；同时通过班会进行一对一的情景演练，来实现巩固提升的效果，对特殊服务客票销售、申请全流程进行了解。在焦点问题上电话中心紧扣公司计划，为配合“6～10月邦达航线的开放及销售模式的调整”模式，特制订了邦达航线录音每日抽听计划，通过BO报表邦达航线筛选，对反馈内容进行30%的订单录音抽检，通过对坐席操作、服务流程、支付流程等监控，从基础出发做好自我管理。

三、转变销售意识，增强销售能力

本部地处西部地区，非一线对外口岸城市，国际一线坐席对世界地理知识相当匮乏，对航空地理知识更是只有一个模糊的概念，针对此情况，电话中心运营管理项目经过研讨，决定由业务组牵头，进行长航线报价专项培训，并由质检组通过销售录音抽查，进行一对一分析辅导；最后通过分地区，结合通航点和标注的地图，销售管理组和一线技能共同制作完成《国际转机城市速查表》，帮助坐席提高国际销售效能，获得商委专项服务奖励。与此同时，电话中心运营管理项目还将员工销售录音进行案例整理分析，查找业务盲点和生疏点，制作出了《中南美航空特辑》等拥有电话中心特色的知识专辑并定时发布，让广大一线坐席学习讨论以用于提高销售技巧。细节决定品质，电话中心还对新上线产品进行深刻解读，设计话务脚本，帮助坐席对产品进行了解，抓住适用人群进行推荐销售，特别是O&D系统上线后，针对订座规则思维变化，中心每周召开一次碰头会，对本周坐席在工作中遇见的O&D问题进行专项讨论。除此之外电话中心还通过对坐席每月、每周、每日销售目标的制定，从而对销售过程进行数据管理，从值班时长、出票率以及平均票价等几个关键指标入手，科学提高销售能效。

四、快乐员工，安全团队

电话中心在保证生产的同时加强了对全体员工的安全教育，对重点环节进行安全排查，制订全年安全计划，签署责任书，落实安全管理责任。面对旺季特殊天气带来的服务压力，中心领导制定详细方案，向广大员工发起以“保证安全、改进服务、提升效益”为主题的报接听运动，一线员工们积极响应号召，踊跃参与到互动中，使电话接听率得到保障，缓解了服务压力。电话中心各级管理者在日常管控中，发现表现异常员工，给予及时的关心及辅导，做好情绪疏导工作，将差错扼杀在萌芽中。同时中心为了缓解日常工作给员工带来的生产压力，先后开展电话中心主题春游活动、夏日送清凉、国内国际旺季保证等活动，有效地保障了电话接听工作的正常开展，又把关爱送到了员工身边，拉近了员工彼此间的距离，进一步增强了中心的凝聚力和员工的归属感。

范文 2

多管齐下争效益，销售破“亿”创佳绩

——小记电话销售中心销售创历史纪录

2014 年的盛夏来得特别早，成都电话销售服务中心在酷热中历经一个月的努力，终于迎来了令人振奋的好消息：7 月份总体贡献收入突破亿元，实现 10 900 万元的总销量！这是今年以来销售最好成绩，同时也创造了电话销售服务中心历史最高纪录！

综观这一亿多元的销售构成：国际销售 8096 万元，国内销售 2810 万元（均含升舱改期费），其中国际销售量占近 75%，充分体现了电话销售中心按照商委部署，牢牢把握国际航线销售管理的关键，密切关注航空市场上国际航线价格变化，向管理要效益，向服务要效益，向销售要效益，取得优良成绩。

进入 2014 年，国内国际航空市场出现一些新变化、新特征。受国际经济影响商务旅客出行比例持续出现锐减趋势，与此同时，电子商务发展势头越加迅猛，客票价格更加透明，旅客的需求也更加多样化；尤其是去年以来国际航空业遭遇多起重特大飞行空难事件，对本来就发展疲软的航空市场来说无疑是“雪上加霜”，在此背景之下，要想在竞争异常激烈的航空市场分得一杯羹，其难度可想而知。要想突破重围，在“优质服务年”抓好服务重点的同时，确保销售水平更上台阶，确实有不小的难度。成都电话销售服务中心根据本部门的销售和服务特点，充分利用已有的优势和资源，就国际国内两大板块、销售服务两大工作中心采取“抓大但不放小”的原则，深挖潜力，苦练内功，不断优化和完善销售、服务管理模式，多方位出击，多管齐下，力争取得效益最大化。

首先，强化员工的销售意识，在提升销售能力上下功夫。“工欲善其事，必先利其器”，在这里，器，即是先进的销售系统，更应该是坐席过硬的销售技巧、能力与完善的销售管理体系。今年年初，电话中心便着手制定《国际转机城市速查表》《中南美航空特辑》等国际业务知识性文件，下发到一线坐席，要求人人熟练掌握和使用；随后，组织坐席参加“国际长航线报价业务”轮训，受训人员达到百分之百，此举大幅度提升国际组坐席的报价能力和销售水平。

同时，在国内国际新产品投入和使用前以及使用过程中，以班组为单位，组织员工对产品特点和要点进行讲解和分析，帮助坐席尽快熟悉产品特征，准确把握销售关键，能够迅速高效地推广新产品，提高销售量。尤其在OD系统上线后，采用“碰头会”的形式，对系统运行中出现的问题进行专项讨论，集思广益，在分析讨论中找方法，在措施制定过程中提高分析能力，最终达到解决问题、提高人员素质的目的。

其次，深化和丰富基础管理，优化效益管理模式。今年1月份实施完成的6~9级空编岗位竞聘活动，在员工中掀起一股“比学赶优”的热潮，6名坐席经过严格的业务技能、服务理念、管理能力等方面的考核，走上基层管理岗位，在销售一线发挥着积极的作用。而7月1日《电话中心岗位动态实施办法》的正式实施，进一步优化了本部人力资源配置，理顺员工职业发展通道，实行岗轮换位制度，即使员工的业务技能在轮换中得到多方位的锻炼和提高，业务知识更加全面，使人力资源得到充分的开发和利用，也最大可能地调动了员工的工作积极性，发挥了重要的促进作用。3月份出台的《服务质量整改专项考核计划》将坐席的服务质量细化、量化，通过绩效考核方式，奖优罚劣，与《岗位动态实施办法》相辅相成，把电话中心的效益管理模式推向一个新的高度。

作为单位最小组织的“班组”，在年初的班组建设计划中就被纳入基础管理的重点改造内容之一，各种各样丰富多彩的班组建设活动，如“打僵尸”的板报形式，将服务和销售理念贯穿其中，既丰富了班组活动内容，又达到了加强坐席服务理念、提高销售意识的多重效果。

最后，打造一支充满活力、朝气蓬勃的销售队伍，是电话销售服务中心一直以来坚定不移的努力方向。正是因为具备了敢于创新、勇于实践的指导思想，这支年轻人占96%的销售队伍才一直充满了进取的劲头，在公司组织的各项活动与竞赛中屡屡获得优秀大奖，拔得头筹，为公司赢得荣誉，在今年的7月不负众望，创造月销售量“过亿”的历史新纪录，也必将乘胜追击，一鼓作气，在公司的效益管理总体精神指导下，团结协作创造出更多、更优的成绩！

1）分别归纳以上两篇通讯的主旨。

2）比较两篇通讯在写作上的特点，哪篇存在问题？有哪些问题？应该如何修改？

3）对两篇通讯稿的导语做出评价。如果你是作者，你将会如何写作？

4）用自己文字重写范文2的结尾（不超过20字）。

5）围绕“电话销售中心实现月销售破‘亿’”的主题，根据通讯中提供的材料，将范文2改写为一篇消息。要求字数不超过500字。

思考训练

1．阅读下面一则消息，指出存在的问题，试改写为一篇人物通讯。（字数不少于800字）

亲人离世仍坚持工作的好员工

李川是一名航空公司售票处国际柜台售票员，他青春热情，充满活力，富有朝气。同事们在工作中遇到问题，他总是非常热心地想办法帮助大家，在单位大家都喜欢直呼他“川哥”。

他，工作细心很少犯错

入司两年来他工作积极，虚心学习，不断提升自己的业务能力，凭着自己踏实的努力顺利通过了公司的转岗考核，坚持不懈地做好细节，规避了工作中犯错的风险，业务能力和公司各项考核指标均有很大提升。

他，全身心地投入到本职工作中

他对工作充满了热情，珍惜这份来之不易的工作，虽然工作难免会有枯燥乏味的时候，但他把工作当成爱好，能很好地找到之间的平衡点，再累也是快乐的。有时旅客订票费用较高和票数较多，旅客又需要保留出票时限，而该保留时限正好在他休息时间。因为他比较了解客人订票情况也不想麻烦其他同事，于是他就主动来到公司，给旅客外呼出票。

他，亲人离世仍坚持工作

清明节时，他从小跟随长大的最亲爱的外婆即将离开人世，但他选择了继续回公司留在自己的岗位上。百善孝为先，他可以请假一天回去看看外婆，但是因为清明节放假，大家都有事情，无法找到换班的同事，但是他又不想请假脱岗，节假日正好是单位特别忙碌的时候，听到外婆离世的消息后，他只能忍着悲痛继续坚守在自己的岗位上，等到后面自己排休的时候才回到老家，为外婆送终，他的敬业精神感动了大家。

2．观察你周围的同学或老师，或你生活中接触到的人，经过深入采访，收集材料，拟写一篇人物通讯，要求字数不少于1500字。

第四节　新闻评论

一、新闻评论的概念

新闻评论是针对社会生活中发生的典型新闻事件和重大问题阐述观点，表明态度，发表意见和建议，以摆事实讲道理的方式揭示事物本质，总结事物发展规律，起到警示社会、指导人们社会活动的作用的一种论说文体。

新闻评论一般有政治评论、军事评论、经济评论、文化评论、教育评论、社会评论、国际评论、时事评论等种类。生活中，我们常见的有社论、评论、本报评论员文章、新闻综述、编后、漫谈、杂文、随感等。

二、新闻评论的特点

1）新闻评论作为评论的一种，与其他评论一样，由论点、论据、论证三要素组成。因此，新闻评论必须具备较强的政策性、针对性和准确性。

2）新闻评论要求作者必须要有鲜明的政治立场，要从政治和理论的高度对报道的事件和人物进行分析和论述，因此新闻评论具有政治性。

3）作为新闻的一种表现形式，新闻评论首先要求语言简明扼要，主题要集中，但同时在有限的篇幅中又要提出独特的见解和观点。

4）新闻评论是对新近发生的社会重大事件和突出问题的议论，再通过媒体面向社会发布作者的主观看法和意见，因此，社会性是其重要特点。

三、新闻评论的社会作用

1. 监督作用

新闻评论在舆论监督中起着重要的主导作用。新闻评论通过对社会生活中各种各样、形形色色的典型事例和人物发表看法和意见，提出疑问和警示，在弘扬正气、褒扬先进人物的同时，也对社会生活中的种种腐败现象和不正之风进行揭露和打击，形成巨大的舆论压力，起到积极的监督作用。

2. 引导作用

新闻评论要坚持正确的世界观和方法论，坚持以正确的舆论做导向，以正面宣传为主，针对现实生活中的重大问题进行分析和评论，揭露时弊，弘扬先进，鞭挞不正之风，歌颂社会大发展，帮助人们明辨是非、认清方向。

3. 深化作用

新闻评论通过对社会事物发表看法，提出观点，表明态度，指出问题症结所在，提出意见和建议。在一系列的思维过程中，从思想和理论的高度对事物进行分析。经过主题的提炼，揭示事物的本质，启发和帮助人们掌握科学分析事物的方法和认清事物真相。

4. 交流作用

新闻评论作为传播新闻的载体，还具有促进人们进行思想交流的作用。现代社会信息量巨大，人们主要通过大量的信息获得各种各样的新闻话题。新闻评论独特的表达方式，以及评论选择典型对象的个性特性，更容易引起社会关注，引发人们对社会现象的关注，促进互动和参与讨论。

四、新闻评论的写作要点

新闻评论属于论说文，写作新闻评论主要应该从以下几个方面着手。

1. 论题有新意

新闻评论写作首先要做好选题准备，就是要具有针对性，要选择社会关注度高的事物，通过对这些事物的评论，能够给予人们具有普遍指导意义的建议，起到帮助人们解决实际问题或回答疑难问题的作用。

范文 4.23

航班“选座费”之争，“让子弹再飞一会儿”

被戏称为“伸腿费”的付费选座业务在国内航线上越来越普遍。

从9月开始，国航在北京出发的国内航线上推出了付费选座服务。旅客通过付费可以选择经济舱第一排和紧急出口附近空间较大的座位，这一新业务引起民航业界和广大民众关注。实际上从去年上半年开始，国内航空公司就已经开始在国际长程航线上针对经济舱乘客推出付费选座服务，当时还曾引起不小的争议。目前，国航、东航、海航、南航、厦门航空在洲际航线上都已推出了付费选座的业务。在国内，也有海航、海航旗下的祥鹏航空等在国内部分航线上推出了同类服务，而低成本航空春秋、九元、中联航和西部航空更是在全部航班都推行付费选座业务。

那么，“选座费”到底该不该收？目前存在正反两方面的观点。

正方：选座费属于变相加价，有失公平。正方观点认为，机上选座并不增加任何服务成本，航空公司在没有提高服务水平也没有降低整体票价的前提下，强行推行“选座费”将增加旅客出行成本，属于变相加价，有失公平。

反方：付费选座是差异化服务，可以理解。反方观点认为，航空公司“选座费”没有强制实行，旅客是自愿选择的，有需求的旅客可以为自己喜欢的座位付费，而没需求的旅客可以接受航空公司的安排。付费选座属于一种差异化服务，可以理解。

笔者认为，由于在国际民航界并没有关于是否可以付费选座的统一准则和明文规定，因此，在国内航线能否顺利推行航班付费选座服务应主要取决于航空公司与旅客的供求博弈。一方面，航空公司拥有自主经营的权利，座位预选付费服务作为一种增值服务，已成为国际上很多航空公司满足旅客定制化要求的惯例。达美航空、美航、汉莎、法航等一批外航都采取对空间较大的座位额外收费的做法，而以低票价为卖点的低成本航空更是普遍对选座进行收费。另一方面，旅客也拥有自主选择权，如果不

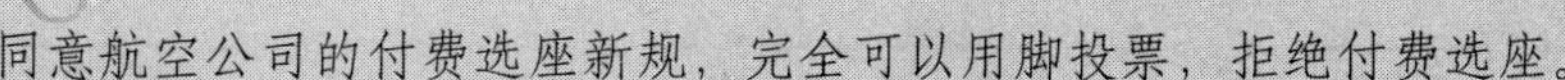

同意航空公司的付费选座新规，完全可以用脚投票，拒绝付费选座。

事实上，即使是拥有低票价优势的廉价航空，其推行选座收费服务也并非一帆风顺。春秋航空早在2011年便在国内率先推出选座收费服务。作为业内先驱，初期饱受旅客质疑，历经多年市场培育和客户教育，终于修成正果。目前春秋航空拥有国内最精细的选座收费标准：在国际航线上，经济舱第一排130元，第二排80元，经济舱前部50元，紧急出口附近70元，经济舱后部20元。在地区航线上，对应区域分别收费80元、60元、40元、50元和20元。在国内航线上（不含上海—乌鲁木齐），前两排50元，第3～5排35元，中部（第6～16排）20元，紧急出口附近40元，后部（第17～24排）10元，尾部（第25～30排）5元。所有靠窗位置全部加收5元“观景费”。

这就意味着传统航空公司在国内航线推行选座收费服务尽管是大势所趋，但注定不可能一蹴而就。首先需要进行长期的市场培育和宣传推广工作；其次则要进一步提升传统航空公司的服务质量，树立与低成本航空相区别的差异性地位；再次，对于选座收费服务产品应进行合理差异化设计，可通过借鉴国内外航空公司成熟经验或进行市场调查的方式，使得定价尽可能符合目标人群的消费习惯。

（资料来源：http://news.carnoc.com/list/326/326746.html）

2. 论点要新鲜

论点是新闻评论的核心。一个缺乏新意，或者没有价值的论点，不会引起人们的兴趣，自然也就不会让人有阅读的欲望，更谈不上发挥新闻评论的社会指导作用。

中日航线将从“下金蛋”变为“下鸡蛋”

据新闻媒体报道，国庆“黄金周”约有40万名中国大陆游客前往日本旅游，在日本消费达到1000亿日元，中国游客在日本“扫货”成为国庆节期间重要的新闻谈资。笔者整理了部分数据，小议中日航空发展。

一、中国大陆旅客正在成为中日航线的旅客主体

根据中国国家统计局和日本统计局公布的旅游人数，2007～2014年中日之间的游客变化如下表：

年份	指标	
	访中的日本游客 / 万人次	访日的中国游客 / 万人次
2007	398	94
2008	345	100
2009	332	100
2010	373	141
2011	366	104
2012	352	142
2013	288	131
2014	272	241

从上表可以看出：

一是访问中国的日本游客从2007年的最高峰398万人次已经逐年下滑到2014年的272万人次，下降幅度接近32%。

二是访问日本的中国游客从2007年的94万人次增长到2014年的241万人次，增幅达到156%。

三是在中日之间的旅游市场上，访日的中国游客规模正在接近于访问中国的日本游客。

日本国家旅游局数据显示，今年上半年访日中国大陆游客为217.86万人次，居于首位，占到全部赴日旅游外国人的近1/4。按此数据测算，访日中国游客的规模在2015年全面超越访日中国的日本游客已成定局。

日本政府制定了“观光立国”的策略，向全亚洲推广日本旅游，计划到2020年实现年接待游客3000万人，预计到2020年，中国大陆到日本旅游的游客将达到600万人次。因此，可以预计，中国大陆旅客将成为中日航线的旅客主体。

二、中日旅游市场的发展为低成本航空带来巨大市场机会

中日旅游市场的发展以及中日航权的持续开放，为低成本航空带来了发展契机。

2015年与2014年相比，从现有中日之间主要航空公司中国始发的日本航线数量来看，东方航空和南方航空占据了最多的航线条数，但是，春秋航空增幅巨大，一年之间，新增了15条中日航线，其巨大的增幅令人惊叹。

航空公司	2014年航线数量 / 条	2015年航线数量 / 条
东方航空	24	31
南方航空	17	31
全日空航空	17	19
国际航空	15	20
春秋航空	7	22

以春秋航空为代表的低成本航空公司快速增长，正在逐步改变中日航线的市场格局。2015 年 10 月与去年同期相比，以低成本航空为代表的春秋航空和吉祥航空在中日航线上的整体座位份额已经从去年不足 5% 提升到 12%。与此相对应的是，中日航线的传统市场主角全日空航空和日本航空的市场份额下滑了 12%。

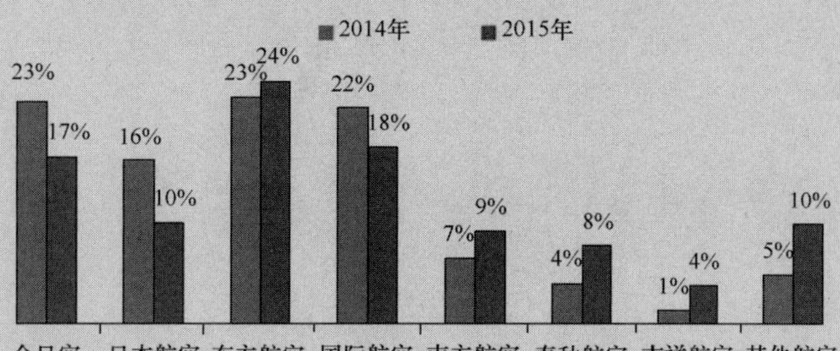

三、影响中日航线市场变化格局的因素解析

1）以春秋航空为代表的低成本航空公司改变了中日航线票价“高大上”的格局。下面在国内某知名网站国内某门户城市前往日本东京的 10 月份低价格日历截图，“亲民”的低价格确实很诱人，旅客能不心动吗？

SUN日	MON一	TUE二	WED三	THU四	FRI五	SAT六
		13 ¥996	14 ¥1069	15 ¥996	16 ¥2091	17 ¥2020
18 ¥289	19 ¥2020	20 ¥1787	21 ¥1955	22 ¥996	23 ¥589	24 ¥1955
25 ¥189	26 ¥1951	27 ¥785	28 ¥1954	29 ¥785	30 ¥289	31 ¥1951
1 ¥785	2 ¥1951	3 ¥785	4 ¥189	5 ¥785	6 ¥389	7 ¥1951
8 ¥289	9 ¥99	10 ¥785	11 ¥289	12 ¥785	13 ¥1953	14 ¥1953
15 ¥289	16 ¥189	17 ¥785	18 ¥189	19 ¥988	20 ¥1951	21 ¥1951

2015 10月

2015 11月

2）人民币汇率升值，降低了中国居民的出境旅行成本。在国际航线上，航权开放、出境旅游市场增长、政治因素等都是影响航空市场的发展因素。但是，我们还必须注意到，汇率因素对国际航空市场客源结构的影响。

中国人民银行的汇率数据显示，日元与人民币的汇率：2010 年 1 月 5 日的每 100 日元兑换人民币 7.3866 元，2015 年 10 月 12 日为每 100 日元兑换 5.2945 元。相对于日元，在过去五年时间里，人民币升值幅度达到 28%。下图为 2009～2015 年日元与人民币之间的汇率变化趋势图：

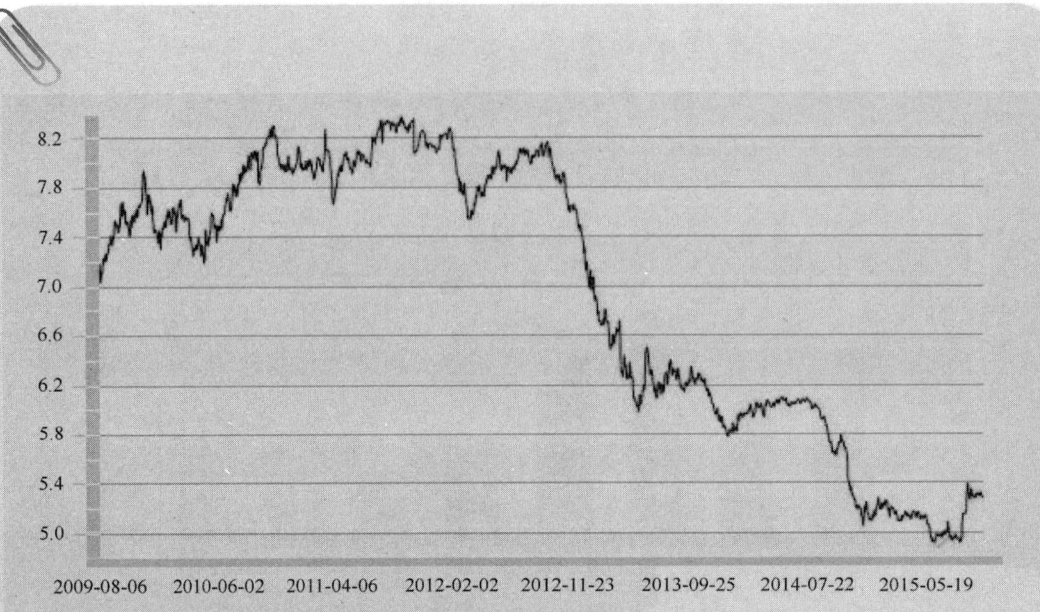

从上图可以看出，人民币呈现的升值趋势，与中国访日游客的增加呈现很大的相关性。当然，人民币升值抑制了日本游客访问中国的意愿，直接使得到访中国的日本游客呈现下滑趋势。

2014 年 9 月 30 日与去年同期相比，人民币亦有近 5% 的升值幅度。人民币对日元汇率升值，为喜欢“扫货”的中国游客节约了巨大的购物费用。仅以按 40 万中国游客国庆期间日本“扫货”1000 亿日元计，今年亦比去年同期节约近人民币 3 亿元，相当于每位游客可以节省 750 元。

票价水平走低，人民币对日元汇率的升值，极大地降低了中国居民到日本的旅游成本。价格低，需求增，这只是经济学基本常识，而与其他因素无关。

四、中日航空市场发展前瞻思考

1）中日航权有望持续开放，以春秋航空为代表的低成本航空将成为中日航线的生力军，改变中日航线的承运人结构，传统航空企业的势力受到挑战。

2）中国居民成为中日航线旅客主体是必然趋势。但是，中国居民以旅游为主，中日航线旅客上价格敏感性增强，中日航线从昔日“下金蛋”航线逐步转换为“下鸡蛋”，航线收益品质将逐步下滑。

（资料来源：http://news.carnoc.com/list/326/326094.html）

3. 论据要典型

典型的论据具有强烈的说服力，论据是支撑论点的依据，也是阐述和说明、评论和推理的基础。因此，有针对性地选择新闻事实至关重要。

范文 4.25

民航典型案例分析——习惯性违章的危害

随着我国经济社会的迅猛发展，工商企业生产安全状况日益受到社会各界的高度重视。2014 年 12 月 1 日，新的《中华人民共和国安全生产法》颁布实施，进一步明确了各岗位人员的法律责任和义务。但是在民航生产一线，一些习惯性违章行为仍然严重威胁着运行安全，值得我们深入分析和思考。

所谓习惯性违章，是指那些固守旧有的不良操作传统和工作习惯，在没有意识到严重危害性的情况下违反安全生产规程和标准作业流程的行为。进入新世纪以来，我国的民航运输业务出现了迅猛增长，同时各航空公司、机场、油料和其他驻场单位的现场操作环境发生了很大的变化。近些年来，民航局和各民航企业对于安全工作高度重视，各企业的安全生产裕度都得到了提高。但是，我们应该注意到，目前作为“师傅”角色在民航生产一线带队工作的，不少是 20 世纪 80 年代和 90 年代进入民航工作的老员工，他们自身就带有一些的“野蛮生长”的工作习惯。由于没能跟上安全形势变化的脚步，他们用习惯性操作方法进行“传、帮、带”，事实上给民航安全生产带来了很大的隐患。下面，我们通过典型案例来分析习惯性违章的危害。

一、某型飞机冲出跑道案例

事件经过：2015 年 5 月 10 日 11 点 57 分，执行 JR1529 义乌—福州的某型飞机冲出跑道，造成机翼和机身交接处断裂，双发螺旋桨触地，飞机冒出黑烟。机上共有机组及乘客 52 人，有 5 名旅客受轻伤。

分析：5 月 13 日民航局组织召开紧急安全视频会，对于 JR 航空公司航班冲出跑道事件调查结果进行了通报。事件发生的主要原因是机组违规操作，38 英尺油门低于飞行慢车，28 英尺已收至地面慢车（产生负拉力），某型飞机的手册要求在空中不允许使用地面慢车。机长（教员）对警告视而不见，副驾驶不具备基本操作标准。

更令人惊讶的是，QAR 译码显示机队多次出现空中油门地面慢车解锁的情况，机队多次在警告存在的情况下着陆，这种违章操作在机队中长期存在，并作为工作经验传授。仅仅在两年之前，印度尼西亚鸽记航空的一架该型飞机就是在空中强行打开了限制飞机空中进入地面慢车的油门杆锁，最终导致坠毁。同样的操作方式，没有造成机毁人亡的重大事故已属万幸。

二、机务员被飞机碾压案例

事件经过：2014 年 5 月，民航某地区管理局在一份明传电报中，对一起发生在飞机牵引过程中的事故进行了通报。某航空公司的机务员要向机库内拖拽飞机，在牵引车顶推这架 A321 飞机至一定角度后，摘掉牵引杆时飞机发生了侧滑，机务员试图上前阻止飞机滑动，结果发生了机务员被飞机碾轧致死的罕见事故案例。

分析：在这起飞机碾压机务员的案例中，该航空公司机务人员的长期习惯性违章，致使不安全行为在特定的条件下形成了事故链条。这架被拖拽的A321飞机没有打开APU，刹车储压器压力很低，客观上造成机上人员在飞机侧滑时无法及时刹车。机上是一名刚拿到执照的机务员，拖拽飞机时的操作经验和应急处置能力明显不足。牵引车顶推没有完全到位，使原本应东西方向的飞机与南北方向略低的机坪形成夹角，造成了飞机发生侧滑。机务员没有携带轮挡，造成紧急情况下无法处置。地面上的机务员应急处置能力不强，没有第一时间对自身安全做出保护性反应。

三、行李传送带车碰撞飞机案例

事件经过：2014年9月19日，一架A319飞机执行台州—深圳航班。该机停靠在1号停机位进行保障作业，21:54前舱货、邮装舱作业完毕，驾驶员驾驶行李传送车撤离前舱，倒车约1.5米时，感觉与飞机发生刮擦，停车查看发现行李传送车驾驶室顶左后饮水槽与该机右发整流罩刮擦。机务员检查刮擦部位是右发从后往前的9点钟位置唇口外侧，并通报机组。

分析：A319机型前货舱门与飞机右侧发动机位置较近是一个显著的特点，作为特种车辆驾驶员应该心知肚明，行李传送车驾驶员违反《民用机场航空器活动区道路交通安全管理规则》（170号令）的要求，在无人指挥的情况下违章蛮干，最终造成了地面车辆与飞机的刮碰。

案例可以回顾，原因可以分析，责任可以追溯，但是这些习惯性违章所造成损失和伤害却无法消除。我们分析典型案例，正是为了找到遏制习惯性违章行为的有效方法。

（一）建规立制，有法可依

不良的工作习惯是一种长期流传的违章行为，不只在一代人身上偶尔出现，而是在几代人身上反复发生、经常出现。究其根本，习惯性违章行为产生于民航行业的快速发展期，具有较强的顽固性，由于省时、省力，操作者愿意以这种习以为常的方式操作，管理者没有意识到这种操作方式的严重危害，从而形成了习惯性违章的生存土壤。

要从根本上解决习惯性违章问题，首先就是要制定详细的规章制度和操作流程，从而压缩操作者随意行为的空间。很多时候，正是企业规章制度的不健全、不严谨，造成了操作者自由发挥的空间过大、随意性过强。好的制度建设和流程设置，应该充分考虑岗位危险源的性质和严重性，指导和规范操作者的行为，规避运行差错和操作风险。

（二）强化意识，教育先行

习惯性违章行为是主观意识的结果，这种意识长期存在于操作者的头脑中，操作者并未主观故意，而是无意识的习惯行为。反对习惯性违章要开展广泛的宣传动员，使操作者认识到习惯性违章的严重性和危害性，重点抓好安全警示教育，可利用事故图片展等形式，增强员工的安全意识和履职意识。增强员工的主观能动性，培养主人

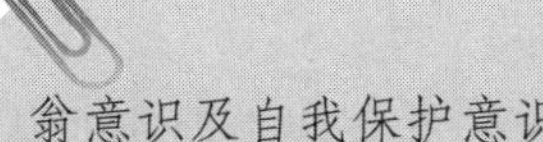

翁意识及自我保护意识。

健全和完善规章制度后，教育培训就成为关键环节。习惯性违章是长期养成的、经常发生的，只要仍未引发严重事故，就不会引起操作者、监督者和管理者足够的重视。而教育培训的目的，就是要引起各层级、各岗位的高度重视，不仅告知全员习惯性违章是不对的，还应详细告知全员怎样做才是对的。通过重点岗位的资质能力排查，提高员工业务水平，强化行为的规范性，确保操作者胜任岗位工作。

（三）优化人力与设备配置

李家祥局长提出的安全发展要把握的八个关系中，就有安全与发展的关系。随着民航运输业务量的快速增长、市场准入放宽等新变化，民航各岗位综合保障能力的建设也出现了新的问题。一些民航企业在经济效益的巨大压力下，在保障能力建设方面出现明显的滞后。笔者观察某机场地面运行操作时，发现85%以上的习惯性违章行为发生在航班高峰时段。而在人力和设备配置方面存在的问题，直接导致操作者为完成保障任务抢时间、赶场地，从而养成了违章操作的习惯。

民航的管理者和决策者应摆正安全与发展的辩证关系，切实把安全生产放在重中之重的位置，合理配置航班高峰时段的人力和设备，不要“逼迫”基层操作者养成习惯性违章的习惯。

（四）勇于向习惯性违章说不

民航企业的各级人员，首先是管理者应认识到习惯性违章行为的严重危害，不要对操作者细小的违章行为视而不见。习惯性违章容易使人丧失应有的警惕性，所以具有生存和发展的土壤，如果不能及时进行遏制，将来一定会引发更大的问题。同时，各级管理者应高度重视有关单位的日常监督和检查，如机场管理机构依据《民用机场管理条例》《中国民用航空应急管理规定》等规章，对航空公司及其他驻场单位的监督检查和业务指导。

对于习惯性违章行为，管理者要拿出攻坚克难和不枉不纵的态度，敢于向习惯性违章宣战。要加强现场巡视检查、视频系统监控的力度，变事后控制为事前、事中控制。要以安全规程及操作规范为依据，制定出预防习惯性违章的标准流程，如监管控制、惩戒措施、奖励细则等，并坚决贯彻落实。对于因习惯性违章作业而造成的人身伤亡和财产损失，要本着“四不放过”的原则，充分调查分析、查清事件原因、跟踪纠错措施，真正达到小惩大诫、警示警醒的目的。

通过回顾行业内的典型事故和事件案例，我们分析了习惯性违章行为的严重危害，查找了案例背后的深层次原因，同时希望民航从业者高度重视习惯性违章行为，及时遏制事故和事件发生的苗头，从而提高行业的安全生产裕度。

（资料来源：http://news.carnoc.com/list/324/324366.html）

4. 论证要深刻

作为一篇评论，说理必须要透彻，分析要合理。论证的过程就是一个逻辑推理的过程，因此，围绕论点进行合理的演绎和推理，使论证达到一个深度，才能具有强大的说服力。一篇没有深度的评论，是失败的评论。

范文 4.26

国歌不是违法行为“护身符”，“以闹促赔”使不得

日前偶闻奇事一桩，中华人民共和国国歌在营救难民时可以用来甄别国籍身份，但是在和平年代还可以护身辟邪就未免有些“耸人听闻”了。9月5日，一群遭遇OX670航班延误后的“维权”旅客在围堵泰国廊曼国际机场登机门的同时集体高唱《义勇军进行曲》，借此成功“粉碎”泰国机场警方和泰国东方航空公司联手“镇压”“维权”旅客的企图。据新闻报道，该航班原计划于泰国当地时间9月4日下午5时左右起飞，但最终延误到了次日凌晨3时左右。在这个延误过程中，该航班的260余名中国旅客因不满机场和航空公司的延误处置，拒绝服从机场关于调换候机厅的要求，部分旅客更是提出了三点要求：一要机场方面公开道歉；二要乘波音747回家；三要赔偿每人1000元人民币。由于泰国机场警方出现在现场，旅客愈发激动，甚至和警察有直接的肢体接触，为了不被警察带走集体高唱国歌，但最后仍有通过旅行社签证出国的30余名旅客因条件始终没有被满足而拒绝登机。

很明显的就是，这些高唱国歌“维权”的旅客聚众霸占候机厅，并且阻碍机场警察执法，这些行为在国内也是涉嫌扰乱公共场所秩序的违法行为，如造成严重后果，还会有人因涉嫌聚众扰乱公共场所秩序罪而被追究刑事责任，其行为根本算不上是“维护祖国尊严的斗争场合”下的义愤之举，而是普通的违法行为，与爱国和卖国都没有任何关联。据说这些人会被旅游部门列入“黑名单”，但那又怎样？至少，他们会自欺欺人地认为，自己既维了权，又扬了国威，如果再有赔偿可能将会更加满意。以举国之威而谋私利，挟延误之众逼承运人就范，或许那一刻国歌在他们眼里只是具有辟邪护身的实用功能，或许他们根本早已忘记了国家形象也是需要全体国人来维护的，或许他们更应该清醒地认识到中华人民共和国的国歌作为国家的象征是写入《中华人民共和国宪法》的，尤其是本国公民更应无条件地尊重本国的国歌，不应对国歌做出任何不严肃的行为。但他们并没有这么做，当然，这是很遗憾的，而且这种“创新”的“维权”方式所造成的后果还需要全体国人来一体承担，更是很不负责任的。按常理讲，包括国歌在内的国家象征，应该有专门的法律来保护，而我国对国歌的立法保护明显是滞后的。作为国家象征物，《中华人民共和国宪法》第一百三十六条已明确了国歌的法律地位，但是并没有具体的法律法规来规范和保护国歌。2014年12月12日，中共中央办公厅、国务院办公厅印发了《关于规范国歌奏唱礼仪的实施意见》，明确了奏唱国歌的场合，并规定“私人婚丧庆悼，舞会、联谊会等娱乐活动，商业活动，非政治性节庆活动，其他在活动性质或者气氛上不适宜的场合”等情形下不能奏唱国歌，不过对在不适宜的场合违规奏唱国歌并造成不良社会影响的现象，该意见也只是规定必须由地方各级人民政府“批评教育，严肃纠正，增强国歌奏唱的严肃性和规范性”而已，并没有具体的罚则。而这已经是我们能够找到的位阶最高的法律法规了。新闻报道上说，十多年来一直有“两会”代表建言献策要求制定《国歌（保护）法》，但至今仍然是在调研中，这次唱国歌“维权”事件会不会再度促使有关方面将立法保护包括国歌在内的国家象征提上议程，还有待观察。只不过目前很现实的问题就是，我们还真没有办法依法处理不尊重国歌、不恰当使用国歌等违法行为，除了口头谴责、道德批判外，对这些高唱国歌“维权”实则不尊重国歌的旅客的功利性举动，只有摇头苦笑了。

苦笑之余，其实更让人深思的地方在于，航班延误赔偿明明是一个商业事件，通过合法合理的途径大可解决问题，几乎没有人相信那些高唱国歌的旅客对这些道理会懵然无知，在私利面前，很多人本能的选择只会是装作没看见，以至于非要通过制造外交事件来“维权”。而个别旅客把国歌当成违法之后的丹书铁券，是很清醒地看到我国国际地位提高带来的国外对我国公民的尊重程度也提高了，所以才搭了个便车。旅客乘机遭遇延误，这不过是航空运输合同履行过程中常见的状况，按照合同约定处理争端是常识，也不可能不存在维权的正当途径。当然，旅客不可能不清楚这些，闹一闹多少能闹出一些好处来，这是“中国式”求解问题的一种方法，且常常管用，既然有实用性，难怪被相关利益主体不断利用。只是，把国内养成的这种“以闹促赔”的习惯带到国外去真的好吗？

据悉，9月8日国家旅游局已责成重庆市旅游局进一步调查情况，并将事实向社会公开。国家旅游局强调，游客可以通过正当途径合理合法维权，但在任何情况下都不宜采取过激行为。这个表态立场非常鲜明，对本国的法律和所在国的法律，所有旅客都不可以不遵守，即便是“维权”的理由再正当，或者国歌唱得再标准，任何人不合理合法通过正当途径维权，最终只会有两个结果：自讨苦吃或者得不偿失。

（资料来源：http://news.carnoc.com/list/323/323286.html）

五、新闻评论与新闻报道的区别

新闻报道和新闻评论是新闻宣传工作中两种基本的体裁，二者在表现方法和写作特点上有明显的区别。

1）新闻报道是传播信息，提供事实，写作手法以客观的叙述、描写或记录再现事物的状态为主，也就是用事实说话，作者不直接发表看法、观点和宣泄情绪。新闻评论则是在客观事实的基础上，通过主观议论和评判，说明道理，直接表明作者的思想观点和看法。它的特点是议论说理，直抒己见。

2）新闻报道的原则是真实，用记叙的方式讲清事实，因此必须要求客观真实。新闻评论的原则是公正，作者立论点要准确，论据要充分，论证要严密。

3）新闻报道的主要功能是告知信息，通过客观呈现社会活动中发生的重大事件和社会变化的事实，满足人们的知情权，只触及事物的表层。新闻评论则是通过对这些事件的分析，发现问题，探究规律，揭示事物的内在本质，引导人们认知事物，是对事物深层次的挖掘和对事物核心的研究，因此针对性更强。

4）对有重大价值意义事物的报道可以引发社会各界对此产生新闻评论，而新闻评论又能促发社会各界对新闻事物的关注和追踪报道。新闻宣传工作就是在既有报道又有评论的辩证统一关系和相互促进中不断进行和发展着的。

例如，《部分游客曼谷机场唱国歌维权》是新闻报道；《大闹机场唱国歌，这样不是爱国》就成了新闻评论。

思考训练

1．阅读以下评论，回答问题。

用苹果手机为何让这位女士有优越感

网民“折翼的斯坦尼”近日在网上发布了一个视频。视频记录了发生在上海浦东机场VIP休息室门口的一出闹剧。

在视频里，一女子冲着男子高声骂道：“你还是人吗！……手机当场摔坏了！……你赔，你赔得起吗？……我国外刚买的手机！刚买的玫瑰金！……”

原来，这名男子走路时不小心将女子手中的苹果手机撞落，让这名女子暴跳如雷。面对女子的破口大骂，男子问手机价值多少。这女子要他赔5万元：“我告诉你这手机是我美国买的，路费、人工费不要算啊？”男子道歉时，女子喊道：“我拿把刀把你杀了再跟你道歉就有用了是吗？”

这名女子最经典的话是：“你拿国产手机有什么脸来坐什么飞机！”“你去坐火车好了，来什么VIP室啊！”“法律规定，国产手机不能上飞机！”骂得不解气，女子还把男子的手机摔到地上……

从这名女子的口气中，能够明显感受到满满地使用“爱疯”（iPhone）手机的优越

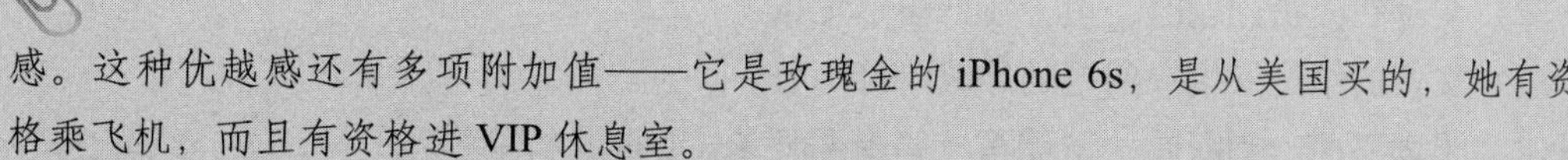

感。这种优越感还有多项附加值——它是玫瑰金的iPhone 6s，是从美国买的，她有资格乘飞机，而且有资格进VIP休息室。

然而骑白马的不一定是王子，也可能是唐僧；带翅膀的不一定是天使，也可能是鸟人。狐假虎威，正是因为它不是虎，只是威风欠奉的狐狸。

iPhone 6s是比国产手机贵，但也不过五六千元。对月薪只有数千元的人来说，它确实有点贵。可是“爱疯”手机并非高贵的身份证，因为没什么钱的人也照样可以用上它，比如通过卖肾等都可以拥有它。我们经常可以看到，那些在一般人眼中十分“卑贱”的人也照样用着“爱疯”。

自信的人以自己为骄傲，自卑的人以名牌为自豪。

真正的高贵，一不在于高，二不在于贵。如果言行粗俗，即便有了“土豪金”，也难掩“土鳖相”；哪怕获得VIP待遇，也同样是不受人尊敬。

手机不过是一种电子器官，用麦克卢汉的话说，它就是人体器官的延伸。手机听筒是耳朵的延伸，话筒是嘴巴的延伸，照相机摄像头是眼睛的延伸……尽管多数器官长在脸面上，但不等于它们就代表面子。手机的优劣无非表现在信号是否稳定，上网是否流畅，屏显是否悦目，电池是否耐用。用某种手机就能衬出“面子”，用出优越感，那只能说明这是一种可怜的优越感。

当然，基于如今“炒作”的盛行和“行为艺术”的发达，这出机场闹剧也被疑为某个手机厂商的“炒作”。但如此低劣和无节操的表演，又如何给这个品牌的手机带来正面效应？

今天有人在网上贴出一则“招聘通告”，说10月25日要在虹桥机场手机拍摄事件，需要有吵架表演特长的一男一女两名演员，主要工作是围绕手机在机场吵架作为热点，演出费是1000元……

这帖子看起来是炒作“脚本”的外泄，但谁知道这个帖子本身是不是伪造的呢？信用崩溃的可怕之处，正在于万事万物都可能有假。真假掺杂，真假难辨，所谓“谣言”可能是真的，所谓“辟谣”又可能是假的。这造就了无处不在的“罗生门”和无时不有的“福尔摩斯”。

在南京宝马撞车案中，宝马司机被检出“急性短暂性精神障碍”，使这精神病名家喻户晓。信任的坍塌，更使“急性短暂性精神障碍”成了为某人开脱罪名的同义语。

但这并意味着急性短暂性精神障碍的病症不存在。相反，在一个没有常识常理、不讲规矩规则的社会，价值错乱、美丑颠倒和精神短路是不可避免的衍生品。

可怜之人，必有可恨之处；可恨之处，必有可寻之因。更可怜可恨的是，许多可寻之因是不可探寻的，或者探寻出真相之后也是不可言说的。

（资料来源：何龙．用苹果手机为何让这位女士有优越感．新浪网．2015-10-29）

1）文章提出了什么问题（论题）？

2）文章在分析问题时，用了哪些事实论据？

3）文章的结论及解决问题的思路是什么？

2．阅读下面一则新闻，试配写一篇新闻评论。（字数 500 字）

提示：按照“提出问题、分析问题、解决问题”的模式，阐述自己对某一事件的见解，注意文中须采用事实性论据和理论性论据。

2015 年 11 月 7 日，中日韩记者联合采访了著名导演陆川。陆川表示，《南京，南京》能在日本上映是其毕生梦想。对于电影在消除中日间负面情感问题上，陆川对新京报记者表示，抗日“神剧”确实起到误导民众历史观的问题，但却反映出中国民间仍然留有抗战伤痛的现象。

抗日神剧为何大行其道

“折射出中国民间仍留有抗战伤痛”。今年 7 月，陆川导演的《南京，南京》在日本最大的视频网站 NICONICON 播出，2011 年，该影片曾在日本小范围上映。陆川说，他为了《南京，南京》在日本上映操碎了心，日本一些律师也在帮忙促成此事。能在这个网站放映也是经过朋友帮助，很曲折，放映后效果很好，看得人很多，讨论很热烈，70%～80% 是支持的。他希望能看到那些支持和反对的意见是什么。

客观讲述历史的电影有利于引导中日民众正确看待彼此，相反一些不客观的影视剧则容易误导民众。对于中国网络上热议的抗日“神剧”，陆川对新京报记者表示，这些抗日“神剧”对于民众历史观的教育没什么好处，之所以不断拍摄是因为有市场，通过这个现象可以看出一个让人深思的现象，电视剧消费人群是比较大众化的群体，在这样一个群体中关于抗战带来伤痛的问题还是没解决。

“这些‘神剧’没起什么好作用，很有问题，但却在中国大行其道，有人追捧‘手撕鬼子’这样的剧情，折射出中国民间对于抗日战争留下的伤痛记忆还没解决。”陆川表示。

电影能化解中日民族矛盾吗

“日方不对历史表态，电影人只是杯水车薪”。对于电影人应该在化解中日民族矛盾中扮演怎样的角色，陆川对新京报记者表示，我们作为影视创作人，我们有责任真实反映事实，这些作品更多是反战，而不是反对一个具体的民族，但日方也需要表现出对于历史负责任的态度，不要总是刺激中国民间情绪，对于南京大屠杀和慰安妇等历史问题，日方政府和主流媒体应该有公开表态，否则永远在这些事情上戳旧伤疤，中国民间伤痛肯定被不断刺激，如果日方不去做这些事情，电影人无论怎么做也是杯水车薪。

但陆川也强调媒体不要夸大中日民间仇恨，他说，中国的民众是非常理性的，虽然有反日情绪，但是到了春节和国庆去日本旅行人数从没减少，这说明日本的好中国人都知道，但对于历史记忆确实需要解决，不解决永远会成为争端。

（资料来源：王晓枫．陆川：不客观的抗日神剧误导民众历史观．新京报．2015-10-29）

附　录

附录 A　党政机关公文处理工作条例

中办发〔2012〕14 号

第一章　总　　则

第一条　为了适应中国共产党机关和国家行政机关（以下简称党政机关）工作需要，推进党政机关公文处理工作科学化、制度化、规范化，制定本条例。

第二条　本条例适用于各级党政机关公文处理工作。

第三条　党政机关公文是党政机关实施领导、履行职能、处理公务的具有特定效力和规范体式的文书，是传达贯彻党和国家的方针政策，公布法规和规章，指导、布置和商洽工作，请示和答复问题，报告、通报和交流情况等的重要工具。

第四条　公文处理工作是指公文拟制、办理、管理等一系列相互关联、衔接有序的工作。

第五条　公文处理工作应当坚持实事求是、准确规范、精简高效、安全保密的原则。

第六条　各级党政机关应当高度重视公文处理工作，加强组织领导，强化队伍建设，设立文秘部门或者由专人负责公文处理工作。

第七条　各级党政机关办公厅（室）主管本机关的公文处理工作，并对下级机关的公文处理工作进行业务指导和督促检查。

第二章　公 文 种 类

第八条　公文种类主要有：

（一）决议。适用于会议讨论通过的重大决策事项。

（二）决定。适用于对重要事项作出决策和部署、奖惩有关单位和人员、变更或者撤销下级机关不适当的决定事项。

（三）命令（令）。适用于公布行政法规和规章、宣布施行重大强制性措施、批准授予和晋升衔级、嘉奖有关单位和人员。

（四）公报。适用于公布重要决定或者重大事项。

（五）公告。适用于向国内外宣布重要事项或者法定事项。

（六）通告。适用于在一定范围内公布应当遵守或者周知的事项。

（七）意见。适用于对重要问题提出见解和处理办法。

（八）通知。适用于发布、传达要求下级机关执行和有关单位周知或者执行的事项，批转、转发公文。

（九）通报。适用于表彰先进、批评错误、传达重要精神和告知重要情况。

（十）报告。适用于向上级机关汇报工作、反映情况，回复上级机关的询问。

（十一）请示。适用于向上级机关请求指示、批准。

（十二）批复。适用于答复下级机关请示事项。

（十三）议案。适用于各级人民政府按照法律程序向同级人民代表大会或者人民代表大会常务委员会提请审议事项。

（十四）函。适用于不相隶属机关之间商洽工作、询问和答复问题、请求批准和答复审批事项。

（十五）纪要。适用于记载会议主要情况和议定事项。

第三章　公文格式

第九条　公文一般由份号、密级和保密期限、紧急程度、发文机关标志、发文字号、签发人、标题、主送机关、正文、附件说明、发文机关署名、成文日期、印章、附注、附件、抄送机关、印发机关和印发日期、页码等组成。

（一）份号。公文印制份数的顺序号。涉密公文应当标注份号。

（二）密级和保密期限。公文的秘密等级和保密的期限。涉密公文应当根据涉密程度分别标注“绝密”“机密”“秘密”和保密期限。

（三）紧急程度。公文送达和办理的时限要求。根据紧急程度，紧急公文应当分别标注“特急”“加急”，电报应当分别标注“特提”“特急”“加急”“平急”。

（四）发文机关标志。由发文机关全称或者规范化简称加“文件”二字组成，也可以使用发文机关全称或者规范化简称。联合行文时，发文机关标志可以并用联合发文机关名称，也可以单独用主办机关名称。

（五）发文字号。由发文机关代字、年份、发文顺序号组成。

联合行文时，使用主办机关的发文字号。

（六）签发人。上行文应当标注签发人姓名。

（七）标题。由发文机关名称、事由和文种组成。

（八）主送机关。公文的主要受理机关，应当使用机关全称、规范化简称或者同类型机关统称。

（九）正文。公文的主体，用来表述公文的内容。

（十）附件说明。公文附件的顺序号和名称。

（十一）发文机关署名。署发文机关全称或者规范化简称。

（十二）成文日期。署会议通过或者发文机关负责人签发的日期。联合行文时，署最后签发机关负责人签发的日期。

（十三）印章。公文中有发文机关署名的，应当加盖发文机关印章，并与署名机关相符。有特定发文机关标志的普发性公文和电报可以不加盖印章。

（十四）附注。公文印发传达范围等需要说明的事项。

（十五）附件。公文正文的说明、补充或者参考资料。

（十六）抄送机关。除主送机关外需要执行或者知晓公文内容的其他机关，应当使用机关全称、规范化简称或者同类型机关统称。

（十七）印发机关和印发日期。公文的送印机关和送印日期。

第十条 公文的版式按照《党政机关公文格式》国家标准执行。

第十一条 公文使用的汉字、数字、外文字符、计量单位和标点符号等，按照有关国家标准和规定执行。民族自治地方的公文，可以并用汉字和当地通用的少数民族文字。

第十二条 公文用纸幅面采用国际标准 A4 型。特殊形式的公文用纸幅面，根据实际需要确定。

第四章 行 文 规 则

第十三条 行文应当确有必要，讲求实效，注重针对性和可操作性。

第十四条 行文关系根据隶属关系和职权范围确定。一般不得越级行文，特殊情况需要越级行文的，应当同时抄送被越过的机关。

第十五条 向上级机关行文，应当遵循以下规则：

（一）原则上主送一个上级机关，根据需要同时抄送相关上级机关和同级机关，不抄送下级机关。

（二）党委、政府的部门向上级主管部门请示、报告重大事项，应当经本级党委、政府同意或者授权；属于部门职权范围内的事项应当直接报送上级主管部门。

（三）下级机关的请示事项，如需以本机关名义向上级机关请示，应当提出倾向性意见后上报，不得原文转报上级机关。

（四）请示应当一文一事。不得在报告等非请示性公文中夹带请示事项。

（五）除上级机关负责人直接交办事项外，不得以本机关名义向上级机关负责人报送公文，不得以本机关负责人名义向上级机关报送公文。

（六）受双重领导的机关向一个上级机关行文，必要时抄送另一个上级机关。

第十六条 向下级机关行文，应当遵循以下规则：

（一）主送受理机关，根据需要抄送相关机关。重要行文应当同时抄送发文机关的直接上级机关。

（二）党委、政府的办公厅（室）根据本级党委、政府授权，可以向下级党委、政府行文，其他部门和单位不得向下级党委、政府发布指令性公文或者在公文中向下级党委、政府提出指令性要求。需经政府审批的具体事项，经政府同意后可以由政府职能部门行文，文中须注明已经政府同意。

（三）党委、政府的部门在各自职权范围内可以向下级党委、政府的相关部门行文。

（四）涉及多个部门职权范围内的事务，部门之间未协商一致的，不得向下行文；擅自行文的，上级机关应当责令其纠正或者撤销。

（五）上级机关向受双重领导的下级机关行文，必要时抄送该下级机关的另一个上级机关。

第十七条　同级党政机关、党政机关与其他同级机关必要时可以联合行文。属于党委、政府各自职权范围内的工作，不得联合行文。党委、政府的部门依据职权可以相互行文。部门内设机构除办公厅（室）外不得对外正式行文。

第五章　公文拟制

第十八条　公文拟制包括公文的起草、审核、签发等程序。

第十九条　公文起草应当做到:

（一）符合党的理论路线方针政策和国家法律法规，完整准确体现发文机关意图，并同现行有关公文相衔接。

（二）一切从实际出发，分析问题实事求是，所提政策措施和办法切实可行。

（三）内容简洁，主题突出，观点鲜明，结构严谨，表述准确，文字精练。

（四）文种正确，格式规范。

（五）深入调查研究，充分进行论证，广泛听取意见。

（六）公文涉及其他地区或者部门职权范围内的事项，起草单位必须征求相关地区或者部门意见，力求达成一致。

（七）机关负责人应当主持、指导重要公文起草工作。

第二十条　公文文稿签发前，应当由发文机关办公厅（室）进行审核。审核的重点是:

（一）行文理由是否充分，行文依据是否准确。

（二）内容是否符合党的理论路线方针政策和国家法律法规；是否完整准确体现发文机关意图；是否同现行有关公文相衔接；所提政策措施和办法是否切实可行。

（三）涉及有关地区或者部门职权范围内的事项是否经过充分协商并达成一致意见。

（四）文种是否正确，格式是否规范；人名、地名、时间、数字、段落顺序、引文等是否准确；文字、数字、计量单位和标点符号等用法是否规范。

（五）其他内容是否符合公文起草的有关要求。需要发文机关审议的重要公文文稿，审议前由发文机关办公厅（室）进行初核。

第二十一条　经审核不宜发文的公文文稿，应当退回起草单位并说明理由；符合发文条件但内容需作进一步研究和修改的，由起草单位修改后重新报送。

第二十二条　公文应当经本机关负责人审批签发。重要公文和上行文由机关主要负责人签发。党委、政府的办公厅（室）根据党委、政府授权制发的公文，由受权机关主要负责人签发或者按照有关规定签发。签发人签发公文，应当签署意见、姓名和完整日期；圈阅或者签名的，视为同意。联合发文由所有联署机关的负责人会签。

第六章　公文办理

第二十三条　公文办理包括收文办理、发文办理和整理归档。

第二十四条　收文办理主要程序是:

（一）签收。对收到的公文应当逐件清点，核对无误后签字或者盖章，并注明签收时间。

（二）登记。对公文的主要信息和办理情况应当详细记载。

（三）初审。对收到的公文应当进行初审。初审的重点是：是否应当由本机关办理，是否符合行文规则，文种、格式是否符合要求，涉及其他地区或者部门职权范围内的事项是否已经协商、会签，是否符合公文起草的其他要求。经初审不符合规定的公文，应当及时退回来文单位并说明理由。

（四）承办。阅知性公文应当根据公文内容、要求和工作需要确定范围后分送。批办性公文应当提出拟办意见报本机关负责人批示或者转有关部门办理；需要两个以上部门办理的，应当明确主办部门。紧急公文应当明确办理时限。承办部门对交办的公文应当及时办理，有明确办理时限要求的应当在规定时限内办理完毕。

（五）传阅。根据领导批示和工作需要将公文及时送传阅对象阅知或者批示。办理公文传阅应当随时掌握公文去向，不得漏传、误传、延误。

（六）催办。及时了解掌握公文的办理进展情况，督促承办部门按期办结。紧急公文或者重要公文应当由专人负责催办。

（七）答复。公文的办理结果应当及时答复来文单位，并根据需要告知相关单位。

第二十五条 发文办理主要程序是：

（一）复核。已经发文机关负责人签批的公文，印发前应当对公文的审批手续、内容、文种、格式等进行复核；需作实质性修改的，应当报原签批人复审。

（二）登记。对复核后的公文，应当确定发文字号、分送范围和印制份数并详细记载。

（三）印制。公文印制必须确保质量和时效。涉密公文应当在符合保密要求的场所印制。

（四）核发。公文印制完毕，应当对公文的文字、格式和印刷质量进行检查后分发。

第二十六条 涉密公文应当通过机要交通、邮政机要通信、城市机要文件交换站或者收发件机关机要收发人员进行传递，通过密码电报或者符合国家保密规定的计算机信息系统进行传输。

第二十七条 需要归档的公文及有关材料，应当根据有关档案法律法规以及机关档案管理规定，及时收集齐全、整理归档。两个以上机关联合办理的公文，原件由主办机关归档，相关机关保存复制件。机关负责人兼任其他机关职务的，在履行所兼职务过程中形成的公文，由其兼职机关归档。

第七章 公文管理

第二十八条 各级党政机关应当建立健全本机关公文管理制度，确保管理严格规范，充分发挥公文效用。

第二十九条 党政机关公文由文秘部门或者专人统一管理。设立党委（党组）的县级以上单位应当建立机要保密室和机要阅文室，并按照有关保密规定配备工作人员和必要的安全保密设施设备。

第三十条 公文确定密级前，应当按照拟定的密级先行采取保密措施。确定密级后，应当按照所定密级严格管理。绝密级公文应当由专人管理。

公文的密级需要变更或者解除的，由原确定密级的机关或者其上级机关决定。

第三十一条 公文的印发传达范围应当按照发文机关的要求执行；需要变更的，应当经发文机关批准。

涉密公文公开发布前应当履行解密程序。公开发布的时间、形式和渠道，由发文机关确定。

经批准公开发布的公文，同发文机关正式印发的公文具有同等效力。

第三十二条 复制、汇编机密级、秘密级公文，应当符合有关规定并经本机关负责人批准。绝密级公文一般不得复制、汇编，确有工作需要的，应当经发文机关或者其上级机关批准。复制、汇编的公文视同原件管理。

复制件应当加盖复制机关戳记。翻印件应当注明翻印的机关名称、日期。汇编本的密级按照编入公文的最高密级标注。

第三十三条 公文的撤销和废止，由发文机关、上级机关或者权力机关根据职权范围和有关法律法规决定。公文被撤销的，视为自始无效；公文被废止的，视为自废止之日起失效。

第三十四条 涉密公文应当按照发文机关的要求和有关规定进行清退或者销毁。

第三十五条 不具备归档和保存价值的公文，经批准后可以销毁。销毁涉密公文必须严格按照有关规定履行审批登记手续，确保不丢失、不漏销。个人不得私自销毁、留存涉密公文。

第三十六条 机关合并时，全部公文应当随之合并管理；机关撤销时，需要归档的公文经整理后按照有关规定移交档案管理部门。

工作人员离岗离职时，所在机关应当督促其将暂存、借用的公文按照有关规定移交、清退。

第三十七条 新设立的机关应当向本级党委、政府的办公厅（室）提出发文立户申请。经审查符合条件的，列为发文单位，机关合并或者撤销时，相应进行调整。

第八章 附　　则

第三十八条 党政机关公文含电子公文。电子公文处理工作的具体办法另行制定。

第三十九条 法规、规章方面的公文，依照有关规定处理。外事方面的公文，依照外事主管部门的有关规定处理。

第四十条 其他机关和单位的公文处理工作，可以参照本条例执行。

第四十一条 本条例由中共中央办公厅、国务院办公厅负责解释。

第四十二条 本条例自 2012 年 7 月 1 日起施行。1996 年 5 月 3 日中共中央办公厅发布的《中国共产党机关公文处理条例》和 2000 年 8 月 24 日国务院发布的《国家行政机关公文处理办法》停止执行。

附录 B　公文常用词汇

一、副词

（一）两字

扎实、切实、稳步、全面、逐步、分级、不断、突出、深入、确切、牢固、牢牢、绝不、坚定、坚持、持续、初步、基本、重点、详细、严细、严格、细致、细密、紧密、紧紧、严肃、严格、密切、真正、严密、真正、精细、及时、及早、预先、提前、超前、坚决、严厉、充分、合理、科学、谨慎、严谨、慎重、积极、尽快、全力、快速、迅速、快捷、迅捷、仔细、逐层、着重、真正、认真、下力、尽力、竭力、努力、加快、加速、依次、明显、显著、卓著、致力、长足、趋于、趋向、积极、精心、率先、从严、稳健、稳妥、妥善、精确、总体、综合

（二）三字

超常规、进一步、下力气、有重点、分步骤

二、动词（包括助动词）

（一）两字

加强、强化、开展、展开、推进、贯彻、落实、提高、提升、细化、分解、紧抓、狠抓、严抓、抓好、抓牢、抓住、抓紧、细抓、树立、改善、完善、推行、稳定、实现、理顺、理清、梳理、明确、明晰、夯实、整合、整理、化解、解决、执行、确定、确立、确保、保障、保证、扭转、改变、严把、严格、疏通、通畅、沟通、协调、联系、联动、促进、促使、督促、督办、监控、监管、监督、管控、升华、升级、处理、整改、整顿、挖掘、挖潜、控制、把握、紧跟、紧接、对接、对标、优化、配置、分配、发挥、检验、验证、证明、调度、调配、分配、调整、调控、调理、调动、更新、更改、更换、变更、改革、创新、创造、开创、打开、革新、改革、发现、遏制、制约、制衡、管制、平衡、评价、核算、考评、考核、审核、审批、审查、测算、估算、评估、提供、集合、集中、集约、合力、凝聚、形成、促成、兑现、安排、安置、着眼、着手、入手、巩固、扎实、证实、修缮、修整、清理、清算、清结、健全、建立、起草、草拟、实施、应对、平息、清除、消灭、取消、取缔、杜绝、革除、消化、采取、统筹、统一、统领、统管、突破、指明、开辟、延续、走出、提出、跨出、跳跃、发展、引领、突击、跨越、结合、充实、注重、排除、赶超、把握、围绕、奖惩、奖罚、积累、推动、转变、实现、适应、扩大、促进、加快、崛起、分工、扶持、宣传、教育、振兴、深化、规范、指导、维护、优先、鼓励、引导、规划、纠正、满足、推广、整治、保护、丰富、尊重、发扬、开拓、拓宽、拓展、改进、调节、做深、做细、做实、贯穿、融入、增效、提效、借鉴、倡导、呼吁、培育、打牢、筑实、武装、激发、说服、感召、号召、包容、提倡、弘扬、营造、疏导、排解、唱响、通达、塑造、打造、吸引、搞好、搞活、放活、倾斜、惠及、彰显、体现、呈现、显现、提速、预防、预控、防控、把关、演练、奠定、凸显、突显、展示、继承、集成

（二）三字

不动摇、不放弃、不改变、不妥协

（三）四字

1. 管理

严防死守、统筹兼顾、严细入微、严抓细管、精耕细作、精益求精、基本形成、齐抓共管、齐头并进、和谐共进、固本强基、夯实基础、兼收并蓄、厚积薄发、通观全局、周密部署、深入推进、全面落实、过程控制、过程管理

2. 鼓舞干劲

迎难而上、携手并肩、患难与共、齐心协力、上下同心、团结一心、顽强拼搏、努力奋斗、艰苦创业、共谋发展、凝心聚力、催人奋进、沉着应对、扎实工作、鼓足干劲、破解难题、创新发展、打牢基础

3. 嘱咐

量力而为、尽力而为、立足当前、着眼长远、互惠互利

4. 表扬

三、形容词

明显、很大、极大、巨大、一定、较大、细微、微弱、良好、积极

四、名词

（一）两字

效果、成效、佳绩、成就、成绩、成果、效益、效应、绩效、突破、改进、改善、进步、结果、影响、环境、氛围、企风、党风、作风、风气、场面、局面、进展、纪录、历史、现状、优势、态势、情况、适应、匹配、融洽、和谐、通畅、差距、距离、不符、滞后、落后、缺点、缺陷、劣势、关系、力度、速度、反映、诉求、体制、机制、秩序、制度、标准、理念、意识、认识、要素、内涵、本质、属性、基础、基石、支撑、体系、规律、根本、要务、关键、核心、重点、重心、中心、热点、主体、水平、方针、结构、增量、比重、规模、办法、方式、方法、举措、措施、手段、特色、特点、渠道、流程、介质、纽带、桥梁、主导、主体、载体、需要、需求、能力、负担、资源、职能、倾向、途径、活力、素质、技能、事权、力量、精神、地位、信念、信心、风尚、合力、正气、准则、网络、稳定、安全、保证、本领、阵地

（二）三字

重要性、紧迫性、艰巨性、结合点、集约化、科学性、协调性、缺漏点、症结点、

出发点、落脚点、竞争力、针对性、有效性、敏锐性、能动性、覆盖面、法制化、规范化、制度化、程序化、主旋律

（三）四字

重要保证、战略任务、总体布局、内在要求、重要进展、决策部署、突出地位、最大限度、指导思想、基本经验、宝贵经验、基本方略、基本路线、基本纲领、管理机制、管理体系、积极因素、主体作用、职能作用、长效机制、制度保障、紧迫任务、管理格局、突出位置

附录C 公文常用词语汇释表

A

[按期] 依照规定或预定的期限。

[按时] 依照规定或预定的时间。

B

[颁布] （郑重地）发布。颁：发下；布：公布。一般用于党政领导机关及领导人公布法令、条例及其他重要的法规性文件。

[颁发] ①发布（命令、指示、政策等）。②授予。一般用于上级机关发给下级机关或个人奖章、奖状、奖品、奖金及其他奖励物品。

[报经] （向上级）报告并经由（上级处理）。

[报批] （向上级）报告并请求予以批准。

[报请] （向上级机关或有关部门）报告并请示。

[报送] （将有关材料向上级机关）呈报并发送。

[比照] 按照已有的（法规、制度、标准、方法、格式等）相比拟对照着行事。

[必需] 一定要有的，不可缺少的。

[必须] 表示事理上和情理上的必要，一定要。

[不贷] 不予宽恕。贷：饶恕。

[不尽] 不完全是；未必。如：不尽如此。

[不胜] 非常；十分（用于感情方面）。如：不胜感激。

[不致] 不会引起某种后果。

[不至于] 表示不会达到某种程度。

C

[参考] 利用有关材料帮助了解情况。

[参照] 参考并仿照或依照（方法、经验等）。

[查办] ①检查办理情况并加以督促。②查明犯罪事实或错误情况加以处理。

[查处] ①调查处理。②检查处罚。

[查复] 调查了解后作出答复。

[查收] 检查或清点后收下。

[查照] 示意对方注意文件内容，并按照文件内容办事。

[此布] 就这些内容予以公布。用在布告类公文正文的后面，另起一行，不加标点。

[此复] 就此答复。用于复函、批复等公文的后面，另起一行，不加标点。

[此令] 就此命令。用于命令性文件正文的后面，另起一行，不加标点。

[此致] 在此致以（祝愿性的话语）。一般用于信函正文的后面，另起一行，不加标点。

D

[大概] 不十分精确或不十分详尽；大致的内容或情况。

[大体] 大致；就多数情形或主要方面说。

E

[额外] 超出规定的数量或范围。

F

[发布] 发布（命令、指示、新闻等）。

[反应] 某种事物所引起的意见、态度或行动。

[反映] ①反照，比喻把客观事物的实质表现出来。②把客观情况或别人的意见等告诉上级或有关部门。

[奉告] 告诉。奉：敬词，用于自己的举动涉及对方时。如：无可奉告（常用于外交辞令）。

[付诸] “把它用在……”或“用它来……”。付：交给；授予。诸：文言词，是“之于”的合音词。如应用文中常用的“付诸实施”“付诸行动”。

G

[给以] “给之以……”的省略，后面必须带宾语，其宾语多为抽象事物。如奖励、帮助等。

[公布]（政府机关的法律、命令、文告，团体的通知事项）公开发布，使大家知道。

[贵] 敬辞，对对方的地域、单位及其他与之有关事物的尊称。在与平行机关或不相隶属单位之间公文往来时，常以“贵”代替“你的”“你们的”，表示对对方的尊重。常见于信函中。

H

[函复] 通过信件（公函或便函）进行答复。常用作结束语。也有写作“函答”的。

[函告] 用书信告知有关情况。

J

[鉴于] 觉察到；考虑到。

[届时] 到时候。

[谨启] 恭敬地陈述。用于信函下款末尾的敬辞。

K

[考查] 用一定的标准来检查衡量（行为、活动）。

[考核] 考查审核。

L

[滥用] 胡乱地、过度地使用。

[莅临] 来到；来临（多用于贵宾）。

[屡次] 多次；一次又一次。

M

[明文] 用文字表达出来的；见于文字的（规定），明文规定一般指见于文字，业已公布的法律、规章等。

N

[拟定] 起草制定。参见 [制定]。

[拟订] 起草制订。参见 [制订]。

[拟用] 准备采用；打算使用。

P

[批示] （上级对下级的公文）以书面形式表示意见。

[批转] 上级机关在下级机关的公文上写上向其他有关下级单位转发的批语。

Q

[签订] 订立合同或条约并签字。

[签发] 由主管人审核同意后，签名正式发出（公文、证件等）。

[签署] 在重要文件上正式签字。

R

[如期] 按照规定的日期或期限。

[如实] 按照客观实际的本来面目。

S

[擅自] 超越权限，自作主张。

[收悉] 收到并已了解。

T

[台鉴] 请您审阅。台：旧时对别人的敬称；鉴：审阅的意思。一般见于信函。

[推行] 普遍实行；推广（经验、办法等）。

W

[为荷] 表示感谢。荷：承受别人的恩惠。常见于公函祈请语末尾，不单独使用。如：请接洽为荷。

X

[下达] 向下级发布或传达（命令、指示等）。

[现行] 现在正在执行的；现在正在发生效力的。

Y

[业经] 已经。同“业已”。

[逾期] 超过所规定的期限。

[预期] 预先所期望的。

Z

[暂行] 暂时实行的。

[制定] 定出（法律、章程、计划等）。

[制订] 创制拟订（方案）。

[兹] 现在。

[遵行] 遵照实行。

附录D 简报模板

学习实践科学发展观活动

简　报

（第　期）

中共　　　　　　支部委员会

学习实践科学发展观活动领导小组办公室　　20　　年　月　日

标题

——副标题

正文

信息报送：

报：　　　学习实践科学发展观活动领导小组办公室

发：基层单位党支部（总支）、机关各科室（办）

附录E 明传电报模板

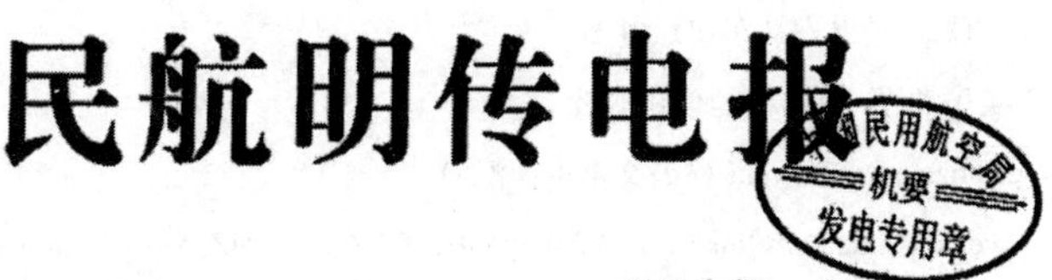

签批盖章 李 健

等级 加急 局发明电〔2014〕2363号

关于印发民航系统集中开展"六打六治"
打非治违专项行动实施方案的通知

民航各地区管理局，各运输（通用）航空公司、各服务保障公司，
各机场公司，空管局、民航大学、飞行学院、校验中心：

（信息公开形式：主动公开）

抄报：中共中央办公厅，国务院办公厅，国务院安委会主任、副主任。
抄送：各省级安全监管局、煤矿安监局。

国务院安委会办公室 2014年7月31日印发

经办人：段纪伟 电话：64463673 共印210份

参 考 文 献

《常政机关公文处理工作条例》一中办发〔2012〕14 号.

李光，2010．应用文写作实用教程．北京：科学出版社．

EWENS 的博客 http://blog. sina.com .cn/ewens (《公文常用词汇》).

yuylNGSHEN1966. Http://wenku.baidu.com/link? url= 9fslF6pY9AVDIML-xuUHZ-AusqOA-mqNOO17xuoblda58cl9x30pNcAu XonDhomjyRgyg3Rw5BWHDCGm OxYEvbyjmiHb-Giwkpkwiobx77KAa（《常用词语汇释表》).